「サッカーを語ろう」

〜日本サッカー協会技術委員長1457日の記録〜

反町康治

はじめに

２０２０年3月29日、私は公益財団法人日本サッカー協会（ＪＦＡ）の技術委員長という要職を仰せつかった。

現役引退後は01年から05年までＪリーグのアルビレックス新潟で采配をふるい、06年7月から北京五輪出場を目ざすチームの監督に就任した。並行してイビチャ・オシム監督のもとで、日本代表アシスタントコーチを拝命した。その後も湘南ベルマーレ、松本山雅ＦＣと、19年間にわたって監督業を続けてきた。それはひそかな自負として、私の中にある。

技術委員長在任中に心掛けたのは、「みなさんと一緒に作り上げていく」ことだった。「技術委員長イコール代表強化の責任者」といったイメージを抱かれがちだが、実際の仕事は広範かつ多岐に渡る。代表チームに帯同して世界を飛び回る局面はあるものの、国内の現場へ足を運んで様々な声を聞き、一つひとつの施策に反映させていった。決して特別なことをやっているわけではなく、「こうするべきだ」と何かを押しつけるつもりもない。みなさんと一緒に日本サッカーを高めていくことが我々の願いで、そのためのヒントやアイデアを発信していきたいと考えた。

その具体的な手段として、２０２０年8月から24年3月まで、ＪＦＡ公式ウェブサイトで連載を持った。テーマによっては詳細をお伝えできないものもあったが、技術委員会が「何」

を「どのように」考えて試行錯誤しているのかを、リアルタイムで知ってもらうように努めた。バックヤードの一端を垣間見てもらうことも、サッカー文化を豊かにする一助になると考えたからだった。私自身のそんな思いがみなさんに届いたのか、スーツを着て名刺交換をする場面で、年代別代表の強化の場面で、「連載、読んでいます」と声をかけてもらうことがあった。海外遠征中に「いつも楽しみにしています」と言われたこともある。

ＪＦＡのホームページにアクセスしてくれる方々には、連載を通して私の思いに触れてもらうことができた。一方で、私の連載がどれぐらい認知されたのかは、正確につかめないところがある。日本サッカーがこれまで目ざしてきたもの、これから目ざしていくものを、一人でも多くの方に知ってもらいたい。当事者意識を持って日本サッカーの発展に尽力する方が増えることを願い、ほぼ原文のまま連載をまとめることにした。

５つのテーマに分けて構成しているが、それぞれは密接に結びついており、正直なところ明確な線引きはできない。日本代表について語りながら選手育成に触れたりしていることも、それこそが技術委員長の仕事だとご理解頂けたら幸いだ。36回の連載すべてを掲載できなかったが、職責を感じながら奔走した4年間を、こうして何とか整理することができた。日本のサッカーを支えてくれているみなさんと一緒に歩んだ日々に、未来への指針となるものが詰まっていると信じている。

目次

第3章　育成について語ろう

※年代、名前、肩書、所属等は、ウェブサイトで掲載された当時のままです。

第1章

技術委員会について語ろう

©JFA

2020年3月　技術委員長就任

日本サッカー協会（ＪＦＡ）で仕事を始めて、ここにはまだピュアな部分が残っていると感じる。サッカーでは相手との駆け引きがうまくいき、いいプレーができたときの喜びは何ものにも代えがたい。そういうサッカーの魅力を、ここでは純粋に追求できる。ＪＦＡはそういうピュアな部分を、ずっと残していくべきなのだろう。

ある高名なプロ野球の監督は、「グラウンドには銭が落ちている」との名言を残した。私はピッチに落ちているのは、喜怒哀楽と考える。今回の仕事でも、そういう哲学を形にしていけたらと思っている。

そもそも、技術委員長とはどんな仕事だろうか？

技術委員会は日本代表と名のつくチームの強化を担当する部署で、技術委員長はそのトップと思われている人がほとんどだろう。それは間違いないが、実は仕事の一部に過ぎない。新型コロナウイルス感染症の影響で代表活動が著しく制限されていることもあるが、頭の中の95パーセントは目に見えない裏方の仕事で占められている。「技術」という言葉が醸し出すイメージと実際に取り組んでいる仕事には、ずいぶんと開きがあるように感じられる。個人的には「名前を変えたほうがいいのでは」と思うこともある。

たとえば、指導者ライセンスの発給や更新時に行なうリフレッシュ講習会の、どれを中止にして、どれを後ろ倒しにしてでも開催するのかの選別。これは簡単ではない。

21年に発足する女子プロリーグ『WEリーグ』は、女性の指導者を増やすことも目標に掲げている。では、それに見合ったライセンス制度はどうあるべきなのか。

大学サッカーへ足を運べば、ユニバーシアード大会におけるサッカー競技が19年を最後に除外されてしまい、選手強化について関係者が頭を抱えていることが分かる。日本のサッカー全体においても大きな痛手だ。大学サッカーで目標となる大会が無くなった中で、大学サッカーの終着点をどう設定すべきなのか。

コロナ禍も絡んだ難問が、次々に降りかかってくる。

そういう課題を解決するために、プロの現場で19年間、色々な修羅場をくぐり抜けた経験を糧にしながら、風通しの良い委員会を作り上げていく。色々な人に会い、話し合い、学びながら、現状を把握する。今より少しでも良いゲーム環境を作りたいと思っている。

3本柱＋普及

技術委員会には三つの柱があると言われてきた。「代表強化」、「選手育成」、「指導者養成」

だ。そこに私は「普及」を加えて、力を入れたいと考えている。

三つの柱にはエキスパートがたくさんいて、何十年もかけて敷いたレールがすでにある。そのレールから外れていないか、あるいはレールに軌道修正が必要かを、今は観察していればいい。一方、普及はレールを敷けていない状況にあり、緊急性はこちらのほうが高い。

日本社会の現状として深刻な少子化があり、減る一方の子どもたちはインドア派が増えていると聞く。ステイホームを促す新型コロナウイルスの影響で、余計に外遊びをしなくなっているとも。サッカーにとって、スポーツにとって、由々しき事態だ。

そうした危機感を抱きつつも、毎年発表される『子供たちの憧れの職業』という調査で、男子はプロサッカー選手が1位になることが多いとの事実もある。サッカーという競技の面白さ、世界を舞台に戦う国際性が、支持を集める理由なのだろう。親御さんから見ても大きなケガのリスクが小さく、協調性が身につきやすい、自宅の近くにクラブやスクールがあるといったカジュアルさが、「子どもにやらせたい競技」として魅力的なのかもしれない。そこは、サッカーの強みとして自認していいように思う。

ただ、いつまでもそこにあぐらをかいてはいられない現実も、ひしひしと迫っている。コロナ禍においては子どもたちの健康と安全を最優先に考え、それを確保しながらいかに外へ出てもらうか。スマートフォンではなくサッカーボールに触ってもらうか。リアルなサッカーの試合を観てもらうか。サッカーの入口、サッカーとの接点をもっともっと増やさないと、これから先細りになってしまう危機感がある。これはもう、コロナ禍後も考えていかなければいけないもののひとつだ。

ＪＦＡ技術委員会の普及部会では、子どもたちにサッカーをもっと身近に感じてもらうアイデアが、次々に出てくる。映像制作に力を入れるのも一例だ。子どもたちがスマホの使い方を親に教えるくらいなら、ＳＮＳを通じてサッカー関連の映像が頻繁に届くようにしたらどうだろう。お正月の特番でリオネル・メッシや中村俊輔が色々な技に挑戦するが、入口は「サッカーってすごい」、「面白そう」という映像で十分な気がする。

日本代表の話をすると、技術委員長である私と関塚隆ナショナルチームダイレクター（ＮＤ）の仕事のすみ分けを文章化しておきたい。

代表関連の技術委員長の仕事は、男子のＵ―（アンダーエイジ）の文字の付くチームから年齢制限のないチームまで、全体の組織図を作ってそれぞれをどう並べ、スタッフをどう編成するかを練ることだ。全スタッフとの契約交渉も担当し、全代表チームの年間スケジュールをＪリーグ、Ｊクラブ、大学、高校、中学校の関係者らと話し合って策定する。日本代表の国際試合のマッチメイクも受け持ちだ。

関塚ＮＤは日本代表と五輪代表の強化に、特化した存在といえる。日本代表の森保一監督のメンバー選考をサポートし、時に助言もする。トレーニング会場の選定、宿泊・移動のスケジューリングなど現場の統括管理は関塚NDの領域だ。選考対象の選手の所属クラブへ、招集のレターを送付するのも仕事のひとつである。

国際サッカー連盟（ＦＩＦＡ）主催の公式大会やインターナショナル・ウィンドウ（ＩＷ）の期間なら選手を自由に呼べる日本代表とは違い、五輪代表は各国サッカー協会に拘束力がない。そんな選手を支障なくチームへ加えるためには、クラブ、代理人らと普段からネットワークを構築しておく必要がある。

ＮＤは、日本代表と五輪代表を１００パーセント以上の力でサポートする。「サポートする人と評価する人が一緒でいいのか」と質問されることがあるが、それはクラブも同じだ。クラブのＧＭは監督をサポートし、評価もする。監督の進退に関わる最終的なジャッジに、クラブの社長やその他の強化担当が加わることもある。議論の輪をどれだけ広げるかは、クラブによって異なるが。

10年後、20年後という視点を持ちながら

技術委員会の場合、最終的なジャッジを下す必要に迫られたら、その輪に委員長が入るの

は当然だろう。大事なことは手厚く支えると同時に、冷静な眼を持つこと。プロの仕事をするということだ。

選手育成という柱では、「ポストユース」の問題が一番気になっている。「鉄は熱いうちに打て」と言うが、高校を出た後の熱い期間に、十分に鉄を打ててないように思うのだ。

これが海外ならば、イングランドのマンチェスター・シティが板倉滉や食野亮太郎を自分たちの支配下に置いてから他クラブへ貸し出し、ゲーム環境を与えるようなことが当たり前に行なわれている。他クラブへのレンタルが片道切符になるか、マンチェスター・シティへ戻るのかは、本人の才覚次第。日本はこれがなかなかできていない。若い選手を囲ってレンタルに出さず、才能を眠らせたまま数年後に契約満了にしてしまう例が後を絶たないのだ。育成を考えると、そこが一番のボトルネックになっている。日本も育成型期限付き移籍の活用、J3にFC東京、セレッソ大阪、ガンバ大阪がU—23のチームを送るなどして、若手の伸長を図ってきた。しかし、まだまだ実になっているとは言いがたい。

若い選手はちょっとした環境の変化や指導者との出会いで、航路が大きく変わるものだ。アラブ首長国連邦（UAE）のアル・アインで活躍する塩谷司は、国士舘大学在籍時は無名に近い存在だった。しかし、元日本代表の柱谷哲二氏が同大学のコーチとなり、柱谷氏がJ2の水戸ホーリーホックの監督へ転じたことで、塩谷は水戸でプロになった。そこからJ1

のサンフレッチェ広島へ移籍し、日本代表に選出されるまでになった。

鹿島アントラーズの育成組織からプロとなった鈴木優磨は、プロ1年目にJリーグU―22選抜の一員としてJ3で戦ううちに、ひと皮も二皮もむけた。所属する鹿島で2年目から定位置をつかみ、ベルギーのシントトロイデンへ移籍するまでになった。

そういう成果から判断すると、指導者との巡り合い、良い試合環境を与えることの大事さを痛感する。地道にコツコツと色々な施策を打つことの大切さを思う。

Jリーグは20年3月から若手育成を主眼に、『Jエリートリーグ』をスタートさせるはずだった。しかし、コロナ禍で中止になった。コロナ禍では予測できないことが次々と起こり、それに一つひとつ対処していく自転車操業のような日々を過ごしている。その対応を誤らないように心掛けつつ、10年後、20年後という視点を外してはいけない。20年にコロナ禍に直撃されている小学6年生は、10年後にオリンピック世代になる。たった10年しかない。将来につながることを今しなければ、と思うのである。

⚽2020年12月　ストライカーキャンプ～水滴が石を穿つ

コロナ禍で中止を余儀なくされてきた各代表の活動が、12月に入って立て続けに再開した。

日本代表を除いたほぼすべてのカテゴリーの代表チームが、高円宮記念ＪＦＡ夢フィールドに入れ替わり立ち代わりやってきて、施設をフル活用している。ＪＦＡ夢フィールドのような優先的に使える場所があることのありがたみを、つくづく感じている。

ＪＦＡが12月4日から3日間の日程で行なったＪＦＡストライカーキャンプもその一つ。集合日に新型コロナウイルスをチェックするスマートアンプ検査を参加者全員に施し、スムーズかつ安全にキャンプを実施できた。

今回は北海道から九州のクラブまで、ジュニアユースに所属する16人の中学1、2年生が集まった。全国のＪＦＡコーチから推薦されたＦＷの金の卵たちだった。

サッカーの敗因で、「決めるべきところで決められなかった」と語られることが多い。しかし、「決めるべきところで決められる選手」は、ブラジルやアルゼンチンならともかく、ただ待っているだけでは現れない。ストライカー養成の難しさは承知の上で、グラスルーツを広げながら金の卵を発掘して孵化させる活動にチャレンジしていくことにした。

実は2003年から2006年の4年間にも、ストライカーキャンプを張ったことがある。当時はＧＫキャンプとセットで行ない、特別コーチとして釜本邦茂氏、吉田弘氏、永島昭浩氏、福田正博氏、黒崎久志氏、長谷川祥之氏ら日本リーグ、Ｊリーグでその名をとどろかせたストライカーが参加してくれた。指導を受けた側から清武弘嗣、川又堅碁、大迫勇也、小川慶治朗、宮吉拓実、宮市亮といった選手が巣立っている。

キャンプでは実戦練習の他に座学のイメージワークもあり、岡崎慎司、大迫、南野拓実がビデオメッセージを寄せてくれた。前途ある少年たちのために一肌脱いでくれた彼らには感謝しかない。ストライカーキャンプは来年も2回ほど計画しており、いずれはオフシーズンに日本へ戻ってくる海外組に特別参加してもらえたらと考えている。実現したらビデオよりもさらに少年たちに伝えられるものがあるだろう。

一口にストライカー養成といっても、一朝一夕にいかないことは分かっている。現代のストライカーは右足、左足、頭でもシュートを決められないと話にならない。守備にも精勤しなければならない。我々が指導された頃のように「ボールを見て」、「ゴールを見て」、「またボールを見てから打つ」というような手順を踏める時間的な余裕もない。

監督による考え方の違いもある。ユベントスなどの監督だったマルチェロ・リッピは、「シュートは逆サイドに打つ」ことをチームの決め事にしていたと聞く。そのほうがGKの弾いたボールやポストの跳ね返りを、2次攻撃につなげやすいからだ。

ストライカー自身の個性の違いもある。ブラジルの「王様」ペレは逆サイドへの低いシュートと、GKの肩口を抜いてゴールネットの天井に突き刺すようなシュートの2パターンを武器にした。「爆撃機」と呼ばれた旧西ドイツのゲルト・ミュラーは、GKもゴールも見ずにイメージだけでシュートを転がして入れることができた。ペナルティエリア内だけで異能を発揮するＧ・ミュラーのような点取り屋に、遠めから打つシュートを練習させてもほとんど意味はない。

タイプを問わずに共通して言えることは、シュートの精度はコツコツと練習して身に付けるしかないということだ。日本代表のアタッカーたちも、シュート練習を日課にしている。10月のオランダ合宿、11月のオーストリア合宿では、大迫や南野、久保建英らが全体練習後に居残りでシュート練習を毎日やっていた。私も時に球拾いでお付き合いしたが、彼らはオーバーワークを心配するフィジカルコーチが止めに入るまで、シュートを打ち続ける。プロでもそうなのだから、育成年代の選手が地道に練習に取り組むのは当然だろう。

中学生年代は、心身ともに大きく変化する。ＦＷだと思った選手が高校生になったらＣＢになったり、その逆のケースも起きたりする。将来のことはなかなか見通せないが、伸び悩みの壁にぶつかりがちなポストゴールデンエイジの少年たちに、同年代のライバルを意識する機会を与え、コーチや先輩からも刺激を受けながら、大志を育んでもらうのは大切なことだと思っている。

ポジション別のプロジェクトは、ＧＫが１９９８年からやっている。それだけ年数を重ねると指導内容も整理され、その成果が出てきたと20年のＪリーグを見ていて感じる。

U―23の東京五輪世代で、大迫敬介に続いて沖悠哉、谷晃生、梅田透吾、オビ・パウエル・オビンナらが、チャンスをつかんで活躍するようになってきた。U―19でも鈴木彩艶、小久保玲央ブライアンのような将来が楽しみなタレントがいる。

ストライカーもプロジェクトを継続して行なうことで、将来の日本を引っ張るような選手が、負けるたびに「ストライカー不足」と評価される悔しさを晴らすような選手が、出てくることを期待している。そのために、プログラムの中身を充実させていく責任がある。

デュエルで引けを取らなくなれば

将来を見据えた布石という意味では、21年度に新設する「フィジカルフィットネスライセンス」もそうだ。通常のコーチ資格を持つ指導者に、フィジカルに関する正しい知識を付加価値的に身に付けてもらうのが狙いだ。まずは「フィジカルC級養成講習会」を開講し、4日間でライセンスを取得してもらう。22年以降にB級、A級と順を追って発展させていく予定だ。こちらも日本の選手が世界と肩を並べて戦うために必要と考えてのこと。特に育成年代の指導者が正しいフィジカルトレーニングの知識を持つことは、障害予防につながり選手の土台作りに大いに役立つと思っている。

アジアサッカー連盟（ＡＦＣ）主催の大会でフィジカルコーチがベンチ入りするには、ライセンスが必要というルールがある。ブラジルはフィジカルコーチ出身の監督が多いことで知られ、鹿島や浦和レッズで指揮を執ったオズワルド・オリヴェイラもそうだった。ペップ・グアルディオラ監督に率いられたマンチェスター・シティ、19―20シーズンのチャンピオンズリーグを制したバイエルン・ミュンヘンのサッカーを見れば、走力とパワーがハイレベルで要求されていることが分かる。リバプールもしかり。選手にとって、フィジカルフィットネスの重要性は高まるばかりだ。

一方で日本サッカーはこれまで、フィジカルの弱さを前提に独自性を追求しようという考えが有力だった。言葉は悪いかもしれないが、フィジカルの能力向上をないがしろにしてきた感もある。しかし、「デュエル」を避けてパスを素早く回すだけで本当に勝てるのかと言えば、やはり難しい。フィジカルの弱さは日本がワールドカップでベスト16の壁を乗り越えられない一因だと、個人的には思っている。だからこそ、ここでも弱点に対して真正面から取り組む、そういうシフトチェンジが必要に思えるのである。

良い見本がある。遠藤航だ。湘南ベルマーレの監督当時にユース在籍の遠藤をＪリーグのピッチに立たせたが、当時から背は高くないけれど人に強いところがあった。その資質を伸ばし、ブンデスリーガの大男に交ざった今もしっかりと戦えている。組織としてハードワークでき、個では俊敏で器用な日本人選手が、強さを身に付けてデュエルでも引けをとらなければ、もっともっと世界で上にいけるはず。そのためには、育成年代から正しくフィジカルを鍛えられる指導者を増やす必要がある。成長期に何をするべきかについて、体育の授業で習う程度の知識だけではもはや追いつかないだろう。

10年後にこうあってほしいと願う未来から逆算し、先を見据えて今から足りないものを埋めていく。必要と思えるものを施策に落とし込む。明日強くするための施策と10年後を考えた施策は違う。後者はたいてい地味なものだ。しかし、その水滴が石を穿つことがあることを、読者のみなさんにはご理解いただきたい。

2021年5月　ヘディングは子どもの発育に応じて段階を踏んで

JFAは5月の理事会で、幼児期から15歳までのヘディングの指導について、新たな指針を承認し発表した。

ガイドラインを策定したのは、諸外国の動きを参考にしたものだ。たとえば、米国協会は16年に導入したガイドラインで、11歳以下はヘディングを試合、練習ともに禁止した。米国はアメリカンフットボールが盛んでプレー中の脳震盪などの事例が多いことから、頭部と頭部がぶつかる危険性のあるヘディングを、11歳以下は完全に排除したようだ。

イングランド協会やスコットランド協会も、20年2月に原則として11歳以下のヘディングの練習を禁止し、18歳までは年齢に応じて回数や頻度に制限を設ける指針を発表した。同年6月には欧州サッカー連盟（ＵＥＦＡ）もユース年代の練習に制限を設けた。欧州でそのような施策の基になったのは、19年10月に英国のグラスゴー大学がサッカーの元プロ選手は認知症などの神経変性疾患による死亡率が一般人の約３・５倍にのぼると発表するなど、ヘディングと頭部疾患の関連性を指摘する研究結果がいくつも出てきたことだった。

医学的には異なる見解もあり、そこまで明確に原因と結果は直結していないらしい。しかし、サッカーをプレーする人の健康と安全に関わる問題である。特に発育期のお子さんを、確たる証拠がないからといって、いたずらにリスクにさらすわけにはいかない。そこで、様々な医学的知見に基づき、今後もアップデートしていくことを見越した上で、今できる最善と思えるものをガイドラインとして提示したわけである（詳細はＪＦＡのサイト上で）。

我々がガイドラインの対象としたのは、幼児期からＵ―15までの子どもたちだ。そこで示した回数や頻度については、世界のどこを探しても「これ以下だと安心」とか「これ以上だと危険」というエビデンスはなく、我々がこれまで培ってきた知見が基準になっていることをあらかじめお断りしておきたい。

ＪＦＡがヘディングを一律で禁止する立場をとらなかったのは、小学4年から6年にかけては神経系の発達が著しく、そこが技術習得のゴールデンエイジと呼ばれているからだ。何もしないのではなく、年代に応じて、やり方や回数や頻度に制限を設けて「正しく恐れ」ながら、空間認知やボールとの距離感といった身体感覚を養ってほしいのである。ゴールデンエイジと言ってもそれは神経系のレベルで、身体はまだできていないから、身体に負荷がかかる練習はもってのほか。子どもの発育に応じて段階を踏んで、頭でボールを操作する感覚に慣れていってくれれば良い。

幼児期は、ヘディングの技術的な指導をする必要はない。風船や丸めた新聞紙を自分で投げ上げ、落とさないように手でキャッチするとか、落ちてきた風船を身体の色々なところに当ててみるとか、その程度の遊びで十分だろう。小学校低学年になっても軽量のゴムボールなどを用いて、風船からの卒業を目ざすくらいで良い。風船では物足りないとなったら、安価で軽量なボールを使用して、空間を移動するボールに合わせて身体を協調させるような運動を多く経験させたい。この年代のゲームはピッチサイズが小さく、ゲーム中のヘディングは偶発的にしか起こらないし、遊びの中で徐々に額でボールに触れる機会を作ってくれたらそれで良い。

小学校3、4年になったら、そろそろヘディングの練習を始めても良い。ただし、人工皮革の4号球を使うのは負荷が大きすぎる。使用するボールはバレーボールのような軽いもので、ネットに入れて吊したボールを額でミートするといった練習を奨励している。テニスボール大のゴムボールを使ってキャッチボールをしたり、フライを追ったりするのも良い。ジョギングしながらボールを地面にたたきつけて弾んだボールを、あるいは空中に放り投げて、自分の最高到達点でジャンプしながら手でキャッチする練習も有効だと思う。練習はひとりずつで良く、無理に競り合いの場面を作る必要はない。子どもの間は「感覚」を養うことに重きを置き、空中にあるボールがどんな軌道を描いてどこに落ちてくるかを予測し、その地点に自分の身体を持っていくコーディネーション能力の基礎を身に付けるということだ。

小学校高学年からは、空中にあるテニスボールを二人でジャンプして手で取り合うような「競る」という運動も徐々に取り入れる。サッカーの4号球を使ったヘディングを導入しても良いが、子供の発育には個人差があり、頭部への負荷（衝撃と頻度、さらに量）は慎重に判断する。全員に同じ練習を課す必要はない。至近距離からサッカーボールを投げつけるような指導は論外で、そういう練習を目撃したら立場に関係なく、すぐに止めるべきだ。

中学生になっても、基本的な考え方は同じだ。中学1年生と3年生では身体の作りがまったく違うから、個人差や個体差を丁寧に見極め、きめ細かなヘディングの指導を行なう。

ヘディングはFWとDFの専門技術ではない

ＪＦＡ技術委員会の中山雅雄普及部会長は「指導者のリスク感度を上げたい」と言う。「トレーニング課題を設定する大人の知識感度が良くないと、負荷の強すぎる練習を子どもに強制的にさせてしまう」と。普通に見ていて「危ないな」と思うことを子どもにやらせてはいけない。指導者は保護者との接点もあるので、ガイドラインを通して指導者から保護者への啓発活動も行なっていけたらと考えている。

中山普及部会長が、元日本代表でヘディングの名手とされた元選手たちにヒアリングをしたところ、彼らも本格的にヘディングの練習を始めたのは高校や大学に入ってからだったそうだ。空中のボールに対する空間認知やコーディネーション能力を養っておけば、技術の習得はある程度身体がしっかりしてからでも遅くないということだろう。繰り返しになるが、ヘディングの指導に焦りは禁物で、やるべきこととやってはいけないことの区別をしっかりつけて、「正しく恐れ」ながら取り組んでほしい。

今春からＪＦＡアカデミー福島が、福島の地で再始動した。視察へ訪れたところ、いわきＦＣ Ｕ―15と試合をやっていた。

40分×２本の練習試合でヘディングの回数を数えてみたら、両チーム合わせて30回ほどだった。どちらも足元の技術に比べて、ヘディングの技術は見劣りした。この「足高頭低」は、おそらく日本のサッカー選手全般に共通する傾向だろう。日本の選手のヘディング技術の低さは、私がアシスタントコーチとして仕えた元日本代表監督のイビチャ・オシムさんも嘆いていた。「どうなっているんだ？」と。

日本にも釜本邦茂さんに始まり、原博実さん、高木琢也さんのようなストロングヘッダーの点取り屋はいた。オシムさんが指揮するジェフユナイテッド千葉でプレーした巻誠一郎もそうだろう。タイプはまったく異なるが、岡崎慎司もダイビングヘッドの技術は素晴らしい。DFなら中澤佑二、田中マルクス闘莉王も空中戦に強かった。

現在の日本代表はゴール前に吉田麻也、冨安健洋、植田直通のようなDFがいて、空の戦いで見劣りしない。彼らは代表の試合前日、GKにパントキックを蹴ってもらって跳ね返す練習をしている。佐々木翔もその輪に加わる。彼らは地道な努力を怠らない。

しかし、表現が適切かどうかは分からないが、「利き足は頭」みたいな選手が希少な存在になっていると感じる。Jリーグでも「空の王者」と言うと、ウェリントンやジェイ・ボスロイドのような外国人選手が目立つ。

ヘディングの技術はゴールを決める力だけではないし、クロスを跳ね返す力だけでも、GKのロングボールを遠くに弾き返す力だけでもない。私がきちんと身につけて欲しいのは、もっと広い意味でのヘディングの技術である。ＣＫ、ＦＫ、クロスのボールを頭に薄く当てて後ろに流したり、走り込んでくる味方に正確に柔らかくボールを落としたり、フリックで斜め後ろにパスができたり……。

スペインや南米の選手は足技に優れているイメージがあるが、私の見立てでは足元がうまくてヘディングの技術を持った選手が普通にいる。フットボーラーとして標準装備すべきアイテムに、ヘディングがしっかりと入っているかのようだ。どうも日本はそこが勘違いされていて、ヘディングがＦＷとＤＦの専門技術のような扱いになっていないだろうか。かねてそう感じていた私は、今回のガイドライン策定でも神経を遣った。サッカーの導入部から一律禁止にしたら、世界から遅れているヘディングの技術がさらにダメになってしまうと恐れたのだ。

「ヘディングは危険」ではなく「危険なヘディング」がある

私は「ヘディングは危険」というよりも、「危険なヘディングがある」と思っている。ＪＦＡ医学委員会の谷諭委員は「頭への衝撃の繰り返しが良くないのは、ボクシングのパンチドランカーを見れば分かる。しかし、パンチとヘディングはまったく別のもの。サッカーの場合、頭にボールが当たる衝撃のリスク自体は小さい。サッカーの試合で起きる脳震盪の主たる原因はヘディングそのものではなく、空中での衝突や地面への落下であることはよく知られた事実」と話す。間に合わないタイミングで無理に跳んで空中でぶつかり、双方ともバランスを崩して背中から落ちて後頭部を打つとか、競り合いの際に振り上げた腕が頭や顔に入るとか、そういうヘディングに関わる危険な行為が災いを招くのだ。危険なプレーをなくすためにも、正しいヘディングの仕方を身につけるのは大事である。

正しいヘディングの習得という意味では、受け身も大切な要素になる。私が子どもの頃は舗装された道路は少なく、土の道路には微妙な起伏があり、普通に走っていて転びそうになったり、転んだりしたものだ。兄弟や友だちと相撲やプロレスごっこに興じ、生活の中で自然と身に付けたバランス感覚や身体操作もあったように思う。

しかし、今はそういう環境にない。前につんのめって転んだ時に受け身がとれず、顔を強打する子どもが増えていると聞く。それならば、受け身の習得につながるような回転系のコーディネーションをトレーニングに入れていくことも大切だ。並行して、脳震盪の怖さを指導者や保護者の方にきちんと認識してもらう啓発活動をしていく。

サッカーの試合からヘディングそのものが禁止されるのならともかく、そうでないのなら技術の習得をゼロベースにしたくない。試合になれば、両チームでFKの数は15回ずつくらいある。CKも両チームで10回くらいはあるだろう。そこからゴール前にボールが飛来すると思えば、ヘディングの技術向上は避けられない。

小学校の6年生くらいからは「止める」、「蹴る」、「運ぶ」といった基礎に、負荷を軽くした形でいいからヘディングも大事だということを意識させたい。そうしなければ、いつまでたっても「日本の選手はヘディングが下手」という域から抜け出せないだろう。

足元の技術は世界と遜色のないレベルまできているから、ヘディングに日本サッカーの伸びしろが確実にあると考える。きちんとヘディングができれば、事故予防にもつながる。「危ない」と言って何でもかんでも子どもから取り上げたら、その子どもは自分で何もできなくなってしまい、困るのは子ども自身ということになる。ヘディングにもそんなことが当てはまる気がするのだ。

2021年12月　プレーヤーズ・ジャーニー～4種とポストユースの強化

JFAが進めようとする選手育成の改革に対して、FIFAはどのような意見を持っているのか。双方の理解を深めるためのヒアリングが、先ごろオンラインで開かれた。

FIFAの窓口になったのは、浦和やオーストラリア代表の監督だったホルガー・オジェック氏。ワールドカップの隔年開催など色々なテーマについて意見交換がなされたが、その場で彼が口にした「Player's Journey（プレーヤーズ・ジャーニー）」という言葉が妙に私の胸に残った。

旅を意味する英単語はいくつかある。「Trip（トリップ）」は短い旅だが、「Journey（ジャーニー）」は長めの旅を意味する。私が「プレーヤーズ・ジャーニー」という言葉に惹かれたのは、選手の歩みとはまさに果てしのない旅のようだと感じるからだ。プロになるための道のりは険しく、日本代表になる、海外のトップクラブで活躍するとなると、その旅はさらに過酷なものになる。

第2次世界大戦後の英国の社会保障政策を端的に表すものとして、「ゆりかごから墓場まで」というスローガンがあった。これを選手の人生に当てはめると「ゆりかご」は競技の入口に、「墓場」はシューズを脱ぐ時になるのだろう。

ただ、プロ選手の「引退」は必ずしも「墓場」を意味しない。第一線を退いた後も本人にその気があれば、50代、60代、70代になっても生涯スポーツとしてサッカーを楽しむことはできる。私のように引退後にコーチ業へ転身する者もいる。その場合は選手としての旅は終わるが、指導者としての新たな旅が始まるということだろう。いずれにしても、それぞれの旅の終わりがどのような形で訪れるのかは、本人を含めて誰にも予測がつかない。それもまた、旅の魅力なのである。

ＪＦＡ技術委員長の職にある今は、とにかくサッカーという競技の入口から出口まで、誰もが充実したフットボール・ライフを送れるようにすることが我々の使命だと考えている。技術委員会が取り組む四つの柱（代表強化、選手育成、指導者養成、普及）のすべてのクオリティを上げていく。そうすることで日本サッカーはもう一歩も二歩も先に進める、と思っている。

普及に関していえば、今年は「ミニサッカーガイドライン」を作成した。その狙いを簡単に言うと、４種（小学生）年代における「スモールサイドゲーム」の奨励である。

かねてよりＪＦＡは、４種年代のゲームで選手の数を減らすことに取り組んできた。象徴的な例が全日本Ｕ―12サッカー選手権である。この大会は11年に11人制から８人制に試合形式を変えた。ピッチのサイズを小さくし、人数も減らすことで、一人ひとりの選手のボールに触れる回数が増えるようにしたのだ。10年の歳月をかけ、８人制は小学生年代ですっかり定着し、狙いどおりの効果が出ていると感じている。

Ｕ―10やＵ―８は、８人制でも多すぎるのではないだろうか。技術委員会の普及部会がそう考え、推奨するようにしたのが４対４などのスモールサイドゲームである。８人制よりさらに狭いスペースで年齢に応じて人数を決めていく試合形式は、ボールに触れる機会をもっと増やせる。ボールタッチの機会が増えればそれだけ色々な感覚が養われ、何よりサッカーをする楽しさにつながる。上手な子ばかりボールを独占し、周りはそれを眺めるだけでは、ボールタッチ数が限られた子どもはつまらなくなってやめてしまう。それではゆりかご（入口）から即、墓場（出口）になりかねない。4種年代でのそういう事態を避けるために、スモールサイドゲームをもっと推奨し、普及させようとなったわけである。

技術委員長としての判断基準

中学生になると、大人と同じ11人制のゲームへ移行していく。ここからはどれだけ選手を伸ばせるかが焦点になる。高校生については、来年から「高円宮杯 U―18プレミアリーグ」のチーム数を、東西とも2チームずつ増やして12チームで競わせるようになる。同リーグはクラブユースも含めた高校年代の最高峰の大会として、11年にスタートした。その下のカテゴリーとして全国9地域に分かれた「高円宮杯U―18プリンスリーグ」があり、さらにその下にも各都道府県単位のリーグがある。リーグ間には昇降格があり、年間を通して行なわれるリーグ戦で培われる地力が、日本サッカーを下支えしている。

その頂点に位置するプレミアリーグのチーム数を増やすのは、より能力の高い集合体を形成してインテンシティの高い試合を増やすためだ。試合の強度を高めるために暑い夏の試合は避け、ゲームに適した環境で戦えるようなスケジューリングもしていく。

我々が考える選手育成の理想的なイメージは、17歳（高校2年）でプロデビューを果たし、10代のうちに日本代表の一員になるというもの。冨安や久保は、まさにそれに当てはまる。冨安や堂安律は13歳、14歳の頃にナショナルトレセンに呼ばれ、U—15から日本代表になってアンダーカテゴリーのワールドカップを戦い続けてきた。

彼らのようにＪクラブから欧州のクラブへ早々に旅立つ選手は少数派で、一般的には高校を出た後の選手（ポストユース）の強化は日本の一番の課題である。ポストユースの集合体はU—20のワールドカップやU—23の五輪を戦う母体となるだけに、早急に経験値を上げなければならないのだが、高卒1年目でＪクラブや大学でレギュラーになるのはやはり難しく、必ずしも試合経験を積めていない。

これが欧州のクラブなら、とにかく若いタレントを青田買いし、その後はレベルに応じたレンタル先を探し、試合経験を積みながら成長させることができる。欧州全域という単位で見たら、受け入れ先のクラブに事欠かない。

我々は地理的に、そういう鍛え方が難しい。ただ、大学経由で選手を大成させる独特のパスウェイがある。大学に籍を置きながら、Ｊクラブでもプレーできる ＪＦＡ・Ｊリーグ特別指定選手はＪ１からＪ３まで昨年は55人、今年は60人もいた。川崎フロンターレの主力に育ち、海外から引き抜きの噂が絶えない旗手怜央も、順天堂大学在籍時に2年間、川崎Ｆが特別指定で預かっていた。それもあってプロ入り後の適応は早かった。そういう日本独自のやり方も織り交ぜながら、ポストユースを鍛える方法をＪリーグと連携して模索し、より良きものにしていきたいと考えている。

技術委員長という立場は、常に色々な意思決定を求められる。その際の判断基準は、日本サッカーにとって本当に必要であり、良いことかどうかということに尽きる。その大前提だけは、見失わないようにしている。

コロナ禍の日々では、思いもよらない問題が突如として浮上する。それだけでなく、「今すぐここで決めろ」と言わんばかりの厳しい選択を迫られる。６月にジャマイカの来日が遅れた際には、急きょ日本代表とU－24日本代表の試合を組んで、実りあるものにできた。

21年12月19日に開催した今年の天皇杯決

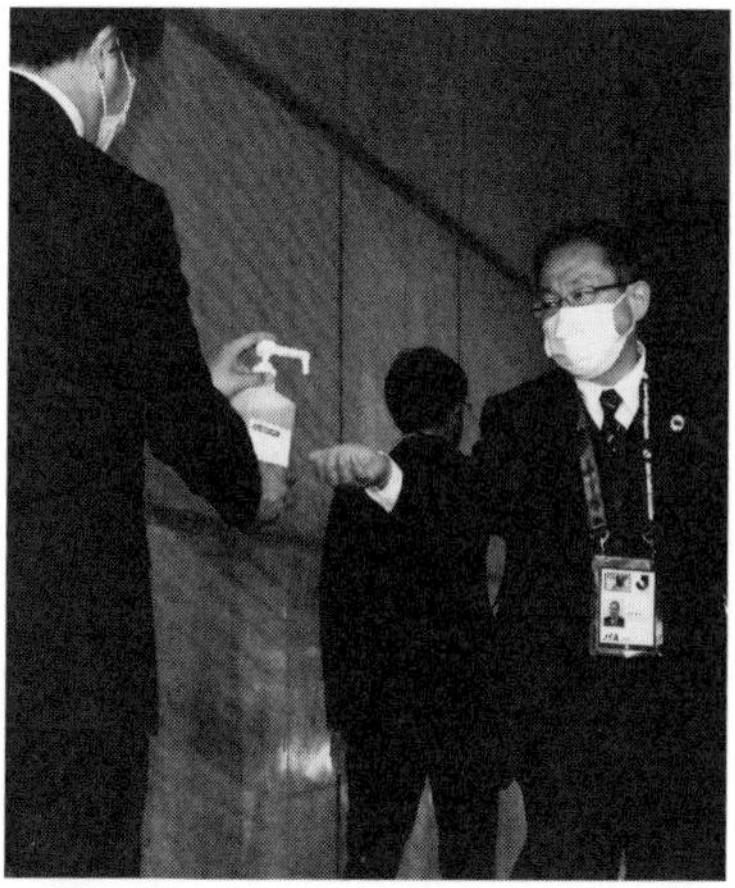

©JFA

委員長を務めていた2020年から24年は、コロナ禍との闘いでもあった。

勝にしても、正月の風物詩となっている元日開催が普及の面では最適だ。だが、来年1月末のワールドカップ・カタール大会アジア最終予選から逆算すると、1日でも早くJリーガーにオフを与え、その代わりに来年の始動を早めてもらう必要があった。プレーヤーズ・ファーストの観点からも、そうすることが妥当だと判断した。

毎日のようにフレキシビリティが問われた1年だったが、四つの柱のダイレクターやJFAの職員が身を削って働いてくれ、さまざまな問題に際どくもスムーズに対処できたと思う。

個人的には代表戦の露出をもっと増やす必要性を、ひしひしと感じている。もっともっと多くの方に日本代表の試合を観てもらい、サッカーから得られる喜怒哀楽の醍醐味を味わってもらいたいのだ。

今の現役選手たちが三浦知良を「カズさん」と慕っているのは、カズの全盛期の活躍をテレビで観て、胸を躍らせた記憶があるからだろう。子どもは常に憧れや模倣から入るもの。そういう目に訴える機会が痩せていくことには危機感しかない。

22年早々のキリンチャレンジカップとアジア最終予選のホームの2試合は、強い日本代表をお見せして、明るい話題を提供しないといけない。森保監督のもとで、選手とスタッフは一致団結している。順位をじわじわと上げて、無条件で本大会に出場できる2位まで浮上してくれた。来年はその流れを継続し、さらに力強いものにしてくれると信じている。

⚽2022年2月　FAコーチ

全国47都道府県のサッカー協会（47FA）にも、技術委員長という仕事は存在する。彼らとJFAコーチ（旧JFAナショナルトレセンコーチ）らが一堂に会する「全国技術委員長会議」という集いも、毎年開催されている。

コロナ禍ではオンラインで行なったが、今年は何とか実際に集まりたいと思っていた。千葉・幕張に完成したJFA夢フィールドを訪れたことがない47FAの技術委員長もいて、同所に設けた4面のトレーニンググラウンドやジム、またはテクニカルハウスなどの施設も見てもらいたかった。しかし、事前にアンケートを取ると、人が多く集まって密になりそうな場所に行くことを禁じられている方もいて、最終的にはオンラインで実施したのだった。

オンラインでも午前9時から午後5時までプログラムはびっしりで、中身の詰まった議論はできたと思っている。私もスピーカーを務めた。その際にお願いしたのはJFAから47FAに向けた情報発信はこれまでどおりだけれど、今後は47FAからもJFAに対して積極的に情報発信をしてほしいということだった。

実際、会議では地域からの興味深いプレゼンテーションがいくつもあった。たとえば、北信越ブロックのプリンスリーグはこれまで1部制で、その下は県リーグだった。そうするとプリンスリーグ参加チームが抜けた各県リーグは、強豪校とそれ以外の差が開き過ぎて大差のゲームが増える現象が起きた。これでは強化にならないということで、県の垣根を越えてプリンスリーグ2部を来年度から作ることを決定した。インテンシティの高い拮抗したゲームが、この2部で増えることは間違いないだろう。常にプレーヤーズ・ファースト目線で北信越全体のレベルアップを考えて打ち出したことで、素晴らしいトライだと感じた。

ＪＦＡは我々が追い求める理想の姿を「Japan's Way（ジャパンズ・ウェイ）」という指針にまとめて発表する予定でいる。日本人の特性である勤勉さや献身性、リスペクトの精神を盛り込みつつ、あるべき選手像や目ざすべき指導者像を明確にしたものだ。根本には日本ならではのサッカーを追求し、この国を笑顔であふれるようにしたいとの願いがある。

その「ジャパンズ・ウェイ」にしても、あくまでも大方針のようなもの。選手をあずかって日々指導する現場は、地域によって環境も条件も異なる。そういう実情を無視して一律に「これが我々のやり方だ」などと押しつける気は毛頭ない。

県民性の違いを伝えるテレビ番組がある。狭い島国といっても、北海道と沖縄では気象条件を含めてサッカーをする環境は異なるから、ＪＦＡが伝えるものを、いい意味で地域ごとにカスタマイズしてくれて問題ない。むしろ、そういう挑戦はＪＦＡの刺激になるし、他のＦＡにも参考にも励みにもなると思うのである。

ＪＦＡは２００５年に、「２０５０年までにワールドカップを自国で開催し優勝する」と宣言した。その途上ではＵ－17、Ｕ－20のワールドカップでトロフィーを掲げることもターゲットにしている。その目標から逆算して、選手のプラスになると考えついたことは、47ＦＡでどんどん実行し、成功も失敗も発信してほしいと願う。我々も受信機能を高め、指導や育成や普及に関する情報が垂直にも水平にも行き渡るように努めるつもりだ。

47都道府県にＦＡコーチを置くメリットとは

北海道、東北、関東、東海、北信越、関西、中国、四国、九州と9つに分かれた地域には、1人ずつＪＦＡコーチが配置されている。各地域とのパイプをさらに太くするために、２年前から47ＦＡに技術担当専任者（ＦＡコーチ）の配置を推進している。希望する47ＦＡにはＪＦＡからベースとなる補助金を交付し、それを原資に「これは」と見込んだ人物と契約を交わし、その地域のサッカーの発展に貢献してもらう。仕事の中身は選手育成なのか、指導者養成なのか、普及なのか、その地域が抱える課題に応じて変わってくるのだろう。とにかく、有給でフルタイムで働いてもらうことが原則で、フットワークが軽く、豊富な指導歴があって、地域にコネクションを持つ人材が望ましいから、ハードルはかなり高い。それでも、そういう人がＦＡコーチになってＪＦＡとのパイプ、地域のハブとしてきめ細かく機能してくれたら、日本サッカーの未来は確実に明るくなると確信している。

現時点で28のＦＡが、ＦＡコーチを置いている。中国地域は全県にいるけれど、九州地域は鹿児島県だけと、まだばらつきはある。

すでに仕事をしているＦＡコーチの経歴を見ると、長年教員として地元のサッカーに貢献した人やＪクラブに関わった人が多い。岩手県の鳴尾直軌ＦＡコーチはモンテディオ山形やアルビレックス新潟で活躍した元Ｊリーガー。指導者に転じた後はいわてグルージャ盛岡やアルビレックス新潟シンガポールの監督を歴任した。

岐阜県のＦＡコーチには、ＪＦＡやＪリーグで豊富な指導経験を持つ松永英機さんが今年から就かれた。今後は指導者養成も、Ｂ級ライセンスまでは47ＦＡ単位でやろうという方向にあるなかで、彼らのような能力の高い人が地域のサッカーの発展のために一肌脱いでくれると本当に心強い。拙速は戒めなければならないが、すべての47ＦＡに1日も早くＦＡコーチを置きたいと思っている。

「地方創生」が日本で盛んに言われた時期があったが、そもそも街作り、人作り、仕事作りは、流行り廃りでやるものではない。いつの時代もやるべきことだ。

我々の世代は中央集権的な思考にどっぷり浸かり、「都会への憧れ」から「上京」するのを当たり前のように考えていた。コロナ禍の今は在宅勤務が可能な人を中心に、都会から地方へ転出する人が増えている。ＩＴの発達で「東京にいないと情報が入らない」などということはなく、どこにいてもキャッチできる。

サッカーにおいても、楽しむことに地域格差があってはならない。子どもたちには、生まれたところでプロになれるパスウェイがあるべきだ。お年寄りには、自らリタイアを宣言するまでゲームを楽しめる場所を地元に用意したい。そういう環境を作ることに47ＦＡがアクセルを踏もうとする時に、ＪＦＡがブレーキをかける必要はない。そういうことができるために、47ＦＡの人材を少しずつでも確実に厚くしていきたいと思う。

技術委員長の仕事は、「ディケイド（10年）」という単位で考えることが必要だ。10年後の２０３２年の五輪で戦うＵ―23の選手は今、小学校６年生。２０２２年に僕らが小学校のグラウンドで会っている子どもたちは、10年後に五輪代表になる可能性がある。そういうことを踏まえて、子どもたちの成長に何が必要かを考えなければならない。

サッカーの指導に携わる者には、次の試合の勝利と10年後の勝利を同時に考える複眼が必要ということだ。今の私ならワールドカップ出場を懸けた３月のオーストラリア戦にどうやって勝つかと同時に、10年後の五輪で金メダルを獲得するための逆算から打つべき手を考えるべきなのだ。

この2年間、コロナ禍でアンダー世代は海外で試合ができていない。メキシコが欧州でどんどん試合をやっていると聞くと、焦りは募る。国際試合からの課題の抽出というチームの成長にとって一番ありがたいものを、摂取できないからだ。

この鎖国状態は、いつまで続くのか。悶々として胃が痛む毎日である。

2022年8月「ジャパンズ・ウェイ」発表

ＪＦＡは22年7月5日、公式サイトを使って「ジャパンズ・ウェイ」という我々の羅針盤となるものを発表した。その発信した内容について、私の思うところを述べたい。

ＪＦＡは２００５年宣言で、２０５０年までにフットボールファミリーを１０００万人に広げ、ワールドカップの単独開催と優勝を目標に掲げた。その理想の姿から逆算して、現在とのギャップを埋めるための大きな道筋を体系化、言語化、映像化して誰にも分かりやすく見られる形にしたのが「ジャパンズ・ウェイ」である。

一時の低迷から完全に脱したイングランドは「イングランドＤＮＡ」として、カタール大会で64年ぶりにワールドカップに出てくるウェールズは「ウェルシュ・ウェイ」として、自分たちの伝統を意識したフィロソフィを協会が掲げている。

「ジャパンズ・ウェイ」はJFA創設100周年に合わせて、21年に発表する予定だった。しかし、コロナ禍で様々な調整や製作に時間がかかり、22年夏にずれこんだ。その分だけ中身を深める時間が取れ、影山雅永ユース育成ダイレクターを座長に、日本サッカーの進むべき道を明確に説明するものができたと思っている。

策定に当たっては、日本代表の海外組の意見も参考にしたと聞いた。外から見ると分かることもある。彼らの知見を取り込めるのも、今の日本の強みである。

「ジャパンズ・ウェイ」という言葉をサッカー界で耳にするようになったのは、06年に私が北京五輪を目ざすチームの監督に、イビチャ・オシムさんが日本代表の監督になった頃だった。当時の技術委員長だった小野剛さんが外国のものまねではない、日本や日本人の長所を標準装備したサッカーを構築すべきだと提言したのが始まりだったと記憶している。15年のラグビーワールドカップで日本代表が「ジャパンウェイ」を合言葉にするより前のことだ。

ただ、この考えはその後、言葉だけが一人歩きした感がある。シャビ・エルナンデス、アンドレス・イニエスタ、メッシらが主軸を成すFCバルセロナの「ティキタカ」と呼ばれるリズミカルなサッカーが世界を席巻した時代背景もあり、「日本の選手はフィジカルが弱いから、バルサのようにパスで相手を崩すのが一番」という考えが一気に支配的となった。GKを除く全員がMFタイプのようなチームが編成されたりした。ボールを握ってポゼッション率は上がったものの、攻撃がなかなか前へ進まない試合が増えたりした。
スローガンには掲げることのメリットとデメリットが、コインの裏表のように存在する。そこに対する配慮は、影山座長たちも慎重に検討を重ねたことと思う。

「教科書」ではなく「副読本」の受け止めで

我々が今回示したのは、決して〝教科書〟ではない。「ここに書かれていないことは、やってはいけない」とか「求められる選手像から外れたらダメだ」といった原理主義に陥るのを、むしろ我々は最も恐れている。強いて言えば〝副読本〟くらいに受け止めてくれれば良い。

一読して「こんなこと、当たり前だろう」と思う人はそれで良いし、応用問題はライセンス資格の上級へ進めば、より細かく具体的な専用の講習がある。今回発信したのはあくまでも指導のベースになるフィロソフィ、日本サッカーが求める最大公約数的なものだ。それが指導者をはじめとする色々なルートを通して、選手、チーム、クラブに還元されればいいと思っている。

文中に「プレービジョン」という言葉が出てくるが、すでに定着している「プレーモデル」

という言葉を選ばなかったのは、後者は監督それぞれに独自性があり、そこに干渉するような印象を持たれたくなかったからである。

個人的に「ジャパンズ・ウェイ」で注目してほしいのは、サッカーを愛する人たちのパスウェイとして「2つのピラミッド」を示したところだ。従来型のパスウェイで描かれたのは1つのピラミッドで、草の根のグラスルーツから始まり小、中、高、大学とサッカーを続け、プロになれる者はサッカーを職業としていく。その山の頂に君臨するのが日本代表。山の底辺さえ広がれば、自然に頂は高くなるというイメージだった。

グラスルーツがサッカーをする楽しさ、学びを登山口とするのは変わらない。しかし山で言えば5合目、6合目のユースあたりから、徐々にサッカーを生涯スポーツとして楽しむ「ウェルビーイング」というアマチュアのピラミッドと、トップレベルで勝利を追求する楽しさ、選ばれてプレーする喜びと厳しさに満ちたプロフェッショナルのピラミッドに昇るルートに別れていく。

国際的なコンペティションで勝つために、JFAはエリート→プロのピラミッドの重要性にページを割いている。同時に、学校を卒業した後も「する」スポーツとしてカジュアルにサッカーを楽しめる環境を整え、より良き生活の一助となるようにアマチュアのピラミッドを充実させていくことも強く意識している。

日本は世界に例を見ないほどの少子高齢化が進み、人口減少社会の到来が目の前に迫っている。ダイバーシティやインクルージョンはこれからの社会に最も必要な考えで、多種多様な生き方を尊重しながらアマチュアのピラミッドの裾野を広げ、頂を高くしていくことは社会からの要請でもあるだろう。そしてこのアマチュア、プロのダブルピラミッドが互いに支え合い、相乗効果を発揮することが、日本のサッカーをさらに発展させると強く信じている。

日本の「前提」も変わるなかで

幼少からどういうサッカー選手になりたいのかをイメージさせ、個性を消さずにしっかり育成年代を育てる。それが大きな集合体になるほど、プロのピラミッドの頂にある日本代表の最高到達点も高くなる。一方、ＦＩＦＡランキング上位の国は、サッカープレーヤーが人口の7パーセントを超えているという統計がある。アマチュアのピラミッドとプロのピラミッドには、明らかに相関関係があるわけだ。日本がワールドカップで優勝しようとするなら、サッカーを愛する強固な地層（ファミリー）を築いて、アマチュアのピラミッドを大きくしなければならない。

指導者養成も成功と発展の鍵を握るから、今よりもっとライセンス制度を充実させ、誰もが楽しめる環境を整えたいと考えている。アマチュアのエンジョイ志向に指導者が必要なのか？　という意見もありそうだが、遊びだから適当で良いとはならない。サッカーの魅力をくまなく伝え、サッカーを通して人生を豊かにしてくれる指導者も、大いにクローズアップされるべきだ。

グラスルーツでハラスメントまがいの指導をされて、子どもや少年少女がサッカーを嫌いになってしまうのは致命傷になる。もってのほかである。年齢がいくつになっても「うまくなりたい」と願うのは、アマチュアもプロも一緒。子どももシニアも一緒。どんなプレーヤーにも寄り添える指導者は、絶対に必要だと思っている。

日本サッカーの発展には「代表強化」、「選手育成」、「指導者養成」、「普及」の〝四位一体〟が必要だが、「ジャパンズ・ウェイ」は各方面で具体的なアクションプランを立て、遂行する際に立ち返る原点のようなものだと思っている。「発表して終わり」ではない。ゲーゲンプレスとか5レーンとか、色々なアイデアが次々に出てくるのがサッカーだ。日本の前提だって変わる。「日本人選手はフィジカルが弱い。だから球際で勝てない」というのも、もはや俗説レベルだ。米大リーグの大谷翔平選手のようなサッカー選手が出てくる可能性も、大いにあるだろう。

「ジャパンズ・ウェイ」を掲げたからといって、日本サッカーを自画自賛するわけではない。

あらゆるアクションがデータ化され、代表チーム間で比較される時代である。世界の舞台で戦う我々が、最先端の動きや情報を遮断して悦に入る、などということはありえない。

第2章

日本代表を語ろう

©JFA

練習を見つめる森保監督と。4年間、東京五輪、アジアカップ、そしてワールドカップと二人三脚で戦ってきた。

⚽2020年10月　日本代表欧州遠征

2020年10月のインターナショナル・ウィンドウ（ＩＷ）を利用して、日本代表はオランダで国際試合を行なうことになった。コロナ禍において健康と安全への配慮を最優先しつつ、このタイミングでテストマッチにトライすることには大きな意義がある。

国際サッカー連盟（ＦＩＦＡ）が定めるＩＷは、20年秋以降では10月と11月に設定されている。各国・地域の協会は、この期間だけは所属クラブに気兼ねなく選手を代表チームに招集できる。欧州連盟は9月から、この期間を利用して第2回ネーションズリーグを始めている。一方、アジア、南米、アフリカ、北中米カリブ海、オセアニアの各大陸連盟は、ここまでコロナ禍の影響で満足に代表戦を行なうことができていない。日本代表も3月、6月、9月に予定した6試合すべてが延期され、ワールドカップ・カタール大会アジア2次予選の残り4試合も21年3月以降へ持ち越すことになった。

10月、11月に活動をしないと、20年の日本代表は1試合も戦わないまま終えることになる。代表チームの強化の継続性を考えると、憂慮すべき事態だ。来年3月に再開予定のアジア2次予選に「ぶっつけ本番で臨む事態は避けたい」という現場の声は、私にも十分に理解できた。

そこで用意したのが、10月の強化試合である。アジアサッカー連盟（ＡＦＣ）とＦＩＦＡは、協議の末にアジアでの２次予選に待ったをかけている。しかし、ＩＷに試合をすることは禁じていない。

入国制限や入国後の行動制限などがあり、国内で国際試合を行なうのは難しい。極めて厳格な制限付きの活動を前提とし、アジア以外で試合ができる場所を探すことにした。

日本サッカー協会（ＪＦＡ）医学委員会などの関係各所と検討を重ねた結果、出てきた答えがオランダでの開催だった。理由はいくつかある。欧州の他の国々と比べると、オランダは感染爆発というほどには至っていなかった。移動もしやすい。首都アムステルダムには日本から直行便があり、欧州からも選手が集まりやすい。何よりオランダは、日本からの渡航者や日本人に対し、入国後の行動に制限を設けていなかった。

日本代表の国際試合ともなると、合宿の準備から試合の開催、撤収作業に至るまで、滞りなく行なうためにそれなりの人数のスタッフが日本から移動する。その全員が現地で「２週間は待機して行動を自粛」ということにならない点でも、オランダは適地といえる。

もちろん、コロナ対策は入念に行なう。２試合ともリモートマッチ（無観客試合）で、チームの滞在場所と試合会場は１カ所に限定。移動は練習場と試合会場の往復だけと、最小限に抑える。

対戦相手も含めて選手とスタッフの健康と安全を最優先にガイドラインを練り、それに沿って行動する。試合を無事に終わらせることが、我々を迎え入れてくれるオランダとオランダ協会、選手が所属するクラブに報いることにつながると考えている。

対戦相手の選定は難しかった。欧州勢はネーションズリーグのさなかで、南米勢は10月からワールドカップ予選に突入することになっている。我々と似た境遇のアフリカ勢に絞られ、カメルーンとコートジボワールに行き着いた。両チームは欧州在住の選手とスタッフで、今できるベストのチームを編成すると約束してくれている。

心躍るようなニュースを届けるために

日本代表の編成は森保一監督が決めることで、私の出る幕はない。日本代表は常に「ベスト・オブ・ベスト」を選ぶべきだが、何がベストかの判断は監督に一任している。

ただ、国内から選手を連れて行くとなると、オランダ入国は問題ないが、帰国時に自宅待機になる可能性が高い。出発から帰国してプレーできるまでに、約1カ月近くも所属チームから離れることになりかねないのだ。クラブには大変な迷惑をかけることになってしまう。

このあたりは非常にデリケートな問題で、「だから国内から選手を連れていくのは無理だ」

と言い切ることもできない。たとえば、帰国後の自宅待機の期間に関する政府見解が、今後変わることもあり得るだろう。メンバーを発表するまでは、状況の変化を慎重に注視するとしか言いようがないのが、正直なところだ。

10月の2試合とそれに伴うミニキャンプは、19年11月を最後に10カ月も活動がなかった選手たちの現在地を確認すると同時に、チームのコンセプトを落とし込んで再確認する貴重な場になる。そこで検証されたことを、来年春に延期されたアジア2次予選につなげていきたいと強く思っている。

これだけ長期間活動をしないと、浸透させせたはずのコンセプトやチーム戦術はどうしても薄れる。どんどん出てくる若い選手を、タイミング良くすくい取れない歯がゆさもある。伸び盛りの選手は半年、一年の間で見違えるほど成長する。そういう伸長を、実際のトレーニングや試合を通じて観察する機会も森保監督に与えたい。

選手には久しぶりの代表戦で、日本の代表としての帰属意識や連帯意識をより強く持ってもらいたい。日の丸をつけて戦う意味や重要性、代表の一員としてサッカーができる喜びをコロナ禍であっても、いや、コロナ禍にあえぐ今だからこそ、噛み締めてほしい気がする。一つの場所に集まって、われわれの持てる力を披露して、オランダ発ではあるが、心躍るようなニュースを日本に届ける。そういう非常に重要な機会になると思っている。

⚽2021年3月　国内で公式戦と強化試合を開催

21年3月、日本代表とU―24日本代表が久しぶりに国内で活動することができた。実現にあたってはスポーツ庁をはじめ、出入国に関わる各省庁、試合や練習会場のある自治体、宿泊施設、空港、航空会社など関係者のみなさまのご理解と多大なご支援をいただいた。この場を借りてあらためて厚く御礼を申し上げたい。

コロナ禍では海外から日本に到着し、次の日から活動を始めるようなことは原則的に認められていない。通常なら入国後2週間の待機が求められ、プロ野球やJリーグの監督や外国人選手はこのルールに従っている。

とはいえ、このルールを厳格に適用すると日本で国際試合をすることができない。2週間も待機していたら、その間にFIFAが定めるIWが閉じてしまうからだ。

3月のIWは22日から30日まで。この9日間で国際試合をするには、待機期間の免除が必須だ。それが不可能となると、6月に予定するアジア2次予選のホームゲーム開催も危うくなる。手前味噌になってしまうが、JFAの職員たちが関係各方面との折衝に大いに奮闘してくれ、日本政府から特例が認められたのだった。

IWを活用して4試合を組んだ。日本代表は3月25日に韓国と親善試合を、30日にモンゴルとアジア2次予選を戦った。U−24日本代表は同アルゼンチンと26日に東京、29日に北九州で親善試合を行なった。

防疫の対象となったのはチームとその関係者だけでなく、アジア2次予選を主管するAFCから派遣される役職員や審判団も含まれた。我々が用意したプロトコルは相当に厳格なものだったが、活動に関わったすべての人が順守してくれたおかげで、何とか無事に終わらせることができた。それには本当に感謝しかない。

一番大変だったのは選手だと思う。一般社会から隔絶された、いわゆる「バブル」と呼ばれる環境の中で彼らは毎日を過ごした。動線は一般の人と完全に切り離されていたので、チームと行動をともにした私も選手宿舎となったホテルの舞台裏にずいぶんと詳しくなった。

ホテルの出入りは従業員用や荷物の搬入口を使い、エレベーターも非常用のものを利用した。部屋の掃除は3日に1回程度にしてハウスキーパーと極力接触しないように努め、替えのタオルや歯ブラシは所定の場所から自分でピックアップ。合宿中はほぼ毎日、新型コロナウイルスの検査を受けた。

食事も海外組と国内組は別々。時間をずらし、場所もパーテーションを立てて分け、黙食も徹底。万が一感染者が出ても、可能な限り濃厚接触者を抑えられるようにするためだ。宿舎と練習・試合会場の移動は公共交通機関を使わず、貸し切りバスで移動。バスの運転手さんも検査対象とした。

結果と内容が伴う試合で韓国に快勝

試合に触れると、日本代表は韓国に3対0の快勝を飾ってくれた。隣国の永遠のライバルに対して、選手たちは必勝の信念を持って臨み、緩みのない試合をしてくれた。

韓国と親善試合を行なうのは、11年に札幌で戦って以来。チームを率いるパウロ・ベント監督は他に選択肢もある中で、負ければバッシングが起きやすい日本戦をよく受けてくれたと思う。我々のスタンスは「強い相手とやらないと真の強化にならない」というもので、エースのソン・フンミンの不参加は残念だった。韓国のチーム関係者によると、これまで日本で試合をしたことがないソン自身も、今回の日韓戦を非常に楽しみにしていたそうだが。

監督経験者として、内容と結果が合致する試合は多くはないと思っているが、今回の韓国戦はその両方が伴っていた。テレビの世帯平均視聴率も14パーセント（関東地区、ビデオリサーチ調べ）とまずまず。サッカーの試合を民放で観る機会がめっきり減っており、子どもたちに試合を視聴する機会を届けられたのは本当に良かった。

続くモンゴル戦は14対0の大勝。この試合はモンゴルのウランバートルで行なわれるはずだったが、新型コロナウイルスの影響で日本での試合を選んでくれた。

2次予選は日本、タジキスタン、キルギス、モンゴル、ミャンマーの5か国がホーム&アウェイの総当たりで争う。モンゴルに勝ったことで日本は5連勝となり、最終予選進出に王手をかけることができた。そういう状態で5~6月の2次予選の残り3試合に臨めるのは、見えてくるものが変わってくるという意味で非常に大きいと思っている。

U―24日本代表は、アルゼンチンとの第1戦に0対1で敗れた。アルゼンチンは新型コロナウイルスのパンデミック後初めての代表活動。昨年11月に亡くなった偉大なるディエゴ・マラドーナさんを試合前に追悼したいとの要望があり、急きょ色々と用意して受け入れた。マラドーナさんに捧げる試合ということで、絶対に負けられない気持ちはさらに高まったのだろう。試合が始まると強烈にプレスをかけてきた。

要所を締めてくるアルゼンチンは、国際経験が豊富な試合巧者という印象。南米でブラジルやウルグアイと軒を接し、育成年代からしのぎを削っているだけあって、自分たちのリズムに持っていくのがうまい。日本が少しでも良い時間帯を作りそうになると、ぶつかって転がって時間を稼ぐみたいなことをやり、リズムを壊しにかかる。0対1というスコア以上の完敗だった。

1戦目で鼻をへし折られたような格好になったが、その悔しさを日本は2戦目で晴らした。

3対0で快勝したのだ。

南米からアルゼンチンのような強豪を招く場合、1試合だけではコストパフォーマンスが悪い。そのため、韓国などともう1試合マッチメイクをすることが多い。コロナ禍の今回はそのような形がとれないので、日本で2試合をすることを提案し、遠路はるばる来てもらったのだが、結果としてそれが「吉」に出たと思う。

同じ相手と国内で続けて戦うことはめったにないが、東京五輪南米予選を1位通過したアルゼンチンのような強豪と、このタイミングで2連戦ができた。コロナ禍でまったく活動ができないまま、次に代表活動期間がある6月に突入するのとは大違いになった。

1チーム2カテゴリーの強みを生かす

我々はスポーツ界を代表してコロナ禍で先陣を切り、特別な措置を受けて活動させてもらった。試合が終わって解散すればそれでOKではなく、スポーツ庁からは活動を終えてから3日目と14日目にもPCR検査を受けるように指導されていた。私も選手には「解散してから2週間後の検査までが、今回の代表の活動である」と口が酸っぱくなるほど訴えた。

3月の活動から得た知見は、日本オリンピック委員会（JOC）にも報告済み。JOCの会議に私が出席し、15分ほど自分たちの活動についてプレゼンテーションした。

その東京五輪は、4月21日に組み合わせ抽選が行なわれ、グループAの日本は南アフリカ、メキシコ、フランスという非常にタフなグループに入った。この3カ国以外の出場チームと事前の強化試合が組めるように、ドローが決まった夜から交渉を始めた。

新型コロナウイルスに直撃された20年は、日本代表が海外組だけを集めて欧州で試合をするのが精いっぱいだった（もちろんその中に、五輪世代の選手を複数人加えたが）。五輪イヤーとなる21年は、この3月から1チーム2カテゴリーで活動できた。五輪世代でも、冨安健洋は日本代表で、久保建英はU―24日本代表で、というすみ分けも苦労することなくできた。そこは、どちらのチームも森保監督以下同じスタッフが見ているメリットをうまく出せた。

今回の活動では、日本代表のバブルとU―24日本代表のバブルの間で、選手を移動させることは控えた。2つのチームの行き来は日程的に可能だったが、それをやって新型コロナウイルスの陽性者が出たら大変なことになる。アジア2次予選という公式戦が中止になることだけは絶対に避けたかったし、未知のウイルスが相手だけに細心の注意を払う必要があった。

コロナ禍で積んだ昨年秋の欧州での知見、この3月の日本での知見を土台に、6月はバブルとバブルの間で選手を動かすことができるかもしれない。もちろんそれはサッカー界だけで決められるものではなく、関係各所と慎重かつ丁寧に話し合いを進めていく必要がある。とにかく3月にしっかり活動できたことで、6月以降に1チーム2カテゴリーの強みを、さらに生かしていける態勢が整ったことだけは間違いない。

⚽2021年7月～8月　東京五輪

21年夏開催の東京五輪で、金メダルを狙ったU―24日本代表は4位に終わった。8月6日の3位決定戦でメキシコに敗れ、ピッチで涙にくれる選手たちの姿には、私も胸が締めつけられた。しかし、この世代には素晴らしい未来があるという確信も持てた。「この借りを返すチャンスは必ずある」と。

技術委員会としては、東京五輪の戦いをしっかり精査することは大事な作業だ。様々な角度から日本の戦いを検証・整理し、今後の発展に生かさなければならない。そこをあやふやにするのは危険で、9月から始まるワールドカップ・カタール大会アジア最終予選にも悪い影響を与えかねない。

五輪やワールドカップのようなビッグイベントになると、通常はテクニカルスタディグループを各会場に送り込んで大会の傾向や出場チームの分析に当たらせる。しかし、コロナ禍の今回は一部の会場を除いて無観客で試合が行なわれた。分析担当のスタッフもスタジアムに入ることは許されず、映像を介してとなったが、私も自分なりの視点で大会のリポートを作成した。

6試合を通して「日本らしいサッカー」をある程度やりおおせた手応えはある。フランスのように攻めと守りがくっきりと分かれることなく、日本は攻守がシームレスというか、切り替えの速い全員攻撃・全員守備を高い強度で遂行できた。ハードワークをベースに選手間の距離を詰めてボールホルダーを追い越していく日本の流儀は、これからも深く追求していくべきだと再確認できた。もちろん独りよがりになることなく、他国から学べるところは学んでいきながら、である。

サッカーの普及という面でも、ポジティブなこともあった。たとえば、日本戦の中継が軒並み高視聴率を叩き出した。ワールドカップ常連国が集まり「死のグループ」と言われたグループステージから最後の3位決定戦まで、ほとんどの試合がゴールデンタイムに地上波のテレビチャンネルで生中継され、全力を振り絞って戦う選手の姿を視聴者にお届けすることができた。五輪という世間の耳目を強烈に引きつける舞台だからこそ、広範囲の方々にサッカーの魅力や奥深さが再認識されたに違いないし、「自分も五輪の選手になりたい」、「久保建英のようなシュートを決めたい」との夢を描いた子どもたちも数多くいたことだろう。普及の面でインパクトは大きく、今後の代表活動への理解、声援、サポート、あらゆる面でプラスになったと感じる。

裏方のチームスタッフは、今回も素晴らしい仕事をしてくれた。短いスパンで6連戦を何とかこなせたのは彼らのおかげだ。メディカルチームは内科医、外科医、トレーナーに加え、今回は尿をチェックする専門家もいた。血液中のクレアチンキナーゼを計測して、個々の選手の筋肉の疲労度を把握したり、尿を採取して脱水症状を防ぐ手立てを講じたりしながら、選手のコンディションを懸命に整えてくれた。

また、今回は五輪で初めて2人のフィジカルコーチを用意した。7月5日に合宿をスタートした際、チームには大きく分けて4つのグループが存在した。①国内のJリーグ組、②シーズンオフからの始動となった海外組、③AFCチャンピオンズリーグの遠征から戻ってきた川崎フロンターレ、名古屋グランパス、セレッソ大阪の選手、④ケガを抱えた選手、だ。これら異なるコンディションの選手たちを、ひとりで一つにまとめていくのは難しいと判断し、増員したのだった。

対戦相手を分析するスカウティングも、中2日の連戦では自転車操業になるのが目に見えていたので、今回は2人に増員した。そうやってチームスタッフを充実させた成果は、ある程度出せたと思う。ちなみにブラジルやスペインは、選手のメンタル面をケアするスタッフを加えていた。日本も一考を要するテーマだと認識している。

ＶＡＲ採用で日本の良さがさらに生きる

東京五輪では、判定にビデオ・アシスタント・レフェリー（ＶＡＲ）が初めて採用された。その影響か、グループステージ24試合でレッドカードが12枚も出た。日本の試合では、フランス戦で相手選手がＶＡＲ介入でイエローからレッドへ変更されてピッチを去った。グループステージのメキシコ戦では、相馬勇紀がドリブルで抜ききった後に相手選手にタックルされ、ＶＡＲチェックが入ってＰＫを得た。逆にスペイン戦の吉田麻也は、ボールへの正当なタックルがＰＫとされながら、ＶＡＲチェックによってノーファウルに訂正された。

サッカーではボールの争奪戦で相手をこづいたり、引っ張ったり、ボールのないところや審判の目の届かないところで、どさくさ紛れに悪さをするのが「裏技」として認める風潮がある。我々はそういうことはするなという教育を受け、そういうことをさせない指導をしてきた。しかし、生き馬の目を抜くプロの世界では、主に外国の指導者や選手から「正直過ぎる」、「ずる賢さが足りない」という指摘を受けることもあった。

しかし、VAR介入の事例は、正々堂々とプレーする、フェアなタックルやチャージを心がけることがアドバンテージに働く可能性をもたらした。それは1対1を生真面目に、セオリーどおりに対応する日本の選手にとってポジティブだと思う。東京五輪にVARが採用されていなかったら、日本の成績は悪いほうへ変わっていたかもしれない。

ハイレベルな真剣勝負を6試合もできたおかげで、成果と同時に課題もあぶり出された。差し支えない範囲で課題に触れると、準備期間に私自身の反省がある。3月は強豪のアルゼンチンを招へいできたが、6月は強い相手と試合を組めなかった。また、大会直前に選手登録が18人から22人に増えたことを受け、選手選考に見直しが必要だったかもしれない。

スペインとの準決勝で、日本のボール保有率は32パーセントだった。これだけボールを持たれると、どうしたって戦いはジリ貧になる。スペインのような相手でも、45パーセントくらいは持てるようになりたい。そうしないと、やはり先に疲れ果ててしまう。強豪相手にボール保有率を上げていくには、流れの中での柔軟性がもっと必要かと思う。プレスのはめ方も、相手を見て対応を変えられるようにしないと、「はめられない」、「はまらない」、「引いてブロックを築いて我慢するしかない」という展開に終始することになる。

解団式での「お願い」

欧州はU—21選手権がフル代表の登竜門となり、各国は切磋琢磨している。日本はアンダーエイジではU—17、U—20のワールドカップを目ざしているが、まだまだこの年代では大人になりきれない。最高峰のフル代表のワールドカップにたどり着く一つ手前の登竜門という意味で、U—23世代の五輪が持つ意味は日本にとって大きい。

私が08年の北京五輪で選んだ18人のうち、17人は日本代表になった。大きな強化のマイルストーンとして、五輪世代の強化に日本が真剣に取り組んでいくのは今後も変わらない。

東京五輪のメンバーでいえば、堂安律や冨安はU—14のキャンプから呼ばれ、U—15から日本代表入りした。そうした長い代表経験があり、同世代のライバルたちから強い刺激を受けながら、世界大会でも物怖じせずに戦えるメンタルを養った。

日本代表とU—24日本代表を「1チーム2カテゴリー」とし、選手を行き来させながら同時並行で鍛えたのは、東京五輪の開催が1年延びたことによる苦肉の策だった面は否定しない。しかし、五輪終了直後の21年9月から始まるアジア最終予選に、この強化策がプラスに働くのは間違いない。

初戦の9月2日のオマーン戦も、東京五輪からの「延長戦」のイメージで臨めるだろう。

頭の中をシフトチェンジせずに試合ができるのは、大きなメリットだ。試合の運営についてはコロナ禍で、どんなアクシデントが起こるかわからない。それでも、現在の選手はどんな不測の事態にも対応できるたくましさを備えていると感じる。

東京五輪で日本代表への関心は再び高まり、アジア最終予選が始まれば、応援のボルテージはさらに上がっていくだろう。チームはそれを力に変えて、最終予選突破とワールドカップ本大会でのベスト8、ベスト4を目ざす戦いを始める。

五輪の解団式で、団長の私は選手たちにこう話した。

「これから君たちの肩書には、『東京五輪代表の○○』というフレーズが枕詞のように付くことになる。それが『東京五輪代表だった』と過去形で語られないように、五輪代表の誇りを胸に、この先10年、日本サッカーに貢献してくれるようにお願いします」

果たして、国内外のピッチで五輪に出場した選手たちが躍動している。準決勝のスペイン戦や3位決定戦のメキシコ戦の悔しさを糧に、プライドと向上心を持って日々を過ごしてくれているように感じられて嬉しい。

同時に、五輪がすべてではないとも思う。18年のワールドカップ・ロシア大会で中軸を担った大迫勇也や原口元気は、12年のロンドン五輪の選考で最後の最後に漏れた。そこから私の言う「その先10年の貢献組」に成長してくれた。五輪は代表への登竜門であり、インターナショナルに活躍できる選手とそうでない選手を識別する厳しい舞台だが、五輪を経由せずにインターナショナルになった選手はいくらでもいる。選手の終着点は、五輪よりもっともっと遠い先にある。東京五輪に出た選手もそうでない選手も、競争はずっと続いていく。

⚽2022年3月　ワールドカップ・カタール大会出場決定

22年3月、日本代表はアウェイのオーストラリア戦に2対0で勝利し、7大会連続のワールドカップ出場を決めた。幾多の試練をくぐり抜け、本大会の切符をつかみとってくれた選手には感謝の念しかない。

アジアの戦いを振り返って思うことは、2次予選と最終予選の決定的な違いである。19年9月に始まった2次予選はミャンマー、モンゴル、タジキスタン、キルギスと同グループで8戦全勝。得点46、失点2と記録的大勝を重ねて悠々と突破した。しかし、サウジアラビア、オーストラリア、オマーン、中国、ベトナムと同居した最終予選は、7勝1分け2敗の2位でクリアしたものの、序盤3戦で1勝2敗と躓いている。

苦戦の原因はいくつかある。オフ・ザ・ピッチでは、20年3月に組まれていた2次予選の日程が、新型コロナウイルスの感染拡大で1年以上延期されたのも微妙に影響している。それによって最終予選が大きく後ろ倒しされ、スタートが21年9月までずれこんだ。

海外組が大量に増えた日本代表にとって、9月は非常に難しい時期である。欧州のクラブに所属する選手は、シーズンが始まったばかり。新しい監督のもとでアピールすべき選手がいれば、チームが新しく採用した戦術に自分をアジャストさせなければならない選手もいる。冨安はボローニャからアーセナルへの移籍交渉が長引いた影響で、最終予選初戦のオマーン戦に合流できなかった。

新シーズンが始まって2、3試合しか消化していない状況で日本代表に合流しても、なかなか代表に目線をフォーカスできないものなのだ。フィジカルコンディションのばらつきなどを含め、内的にも外的にも不安材料は多かった。

果たして、オマーンとの初戦は0対1で敗れた。相手はセルビアで事前合宿まで張り、準備万端で来日した。ボールを奪ったらシンプルに日本の両サイドバックの裏へパスを送り、コーナーフラッグ付近で2トップが起点を作る。得点もそんな形から奪った。

オマーンは中盤をダイヤモンドの形にした1―4―4―2で、東京五輪の準々決勝で苦しめられたニュージーランドも同じ形を採用していた。日本の五輪での戦いを参考に、対策を練ったに違いない。そう認めたくなるぐらい、精神的、肉体的、ゲーム戦術において、オマーンは日本を上回る準備をしてきた。

監督の決断の土台には練習がある

　オマーンに敗れたことで、5日後の中国戦へ挑む選手の目の色が変わったと感じた。ゼロコロナ対策を採る中国は、最終予選の全ホームゲームの自国開催を諦め、我々との試合はカタールのドーハを舞台に選んだ。大阪からドーハへ飛んですぐの試合は肉体的にきつかったものの、中国は明らかに準備不足の5バックという守備的な布陣で臨んできた。日本を過度にリスペクトしたのだろう。

　40分の大迫の先制点の後、2点目を取れずに苦労したものの、先発した久保ら若い力にも助けられ、勝点3を取って本来の自分たちの姿を取り戻すことができた。

　中国戦を前に南野拓実、酒井宏樹が、ケガなどでチームを離れるという決して小さくないアクシデントもあった。その後もケガなどで主力選手が不参加になったり、欠場したりすることが相次いだ。それでも代わりに出る選手が頑張り、チームとしてのクオリティを落とさなかったことが、最終予選突破の一因と考えている。グループ3位でプレーオフに回ったオーストラリアとのちょっとした差が、そこにあったと思う。

　21年10月7日に行なわれたサウジアラビアとの第3戦は、オマーンに敗れた反省を踏まえて敵地へ乗り込んだが、実力のある相手に0対1で敗れてしまった。しかし試合内容は悪くなかったので、ポジティブな姿勢は保つことができた。負けた上に内容も乏しければ、這い上がることは難しかったかもしれない。失点に直結した場面も、サッカーならあることとして、チームの誰もが冷静に受け止めていた。

5日後にはホームへ戻り、オーストラリアとの第4戦を迎えた。サウジ戦の内容が悪くなかったとはいえ、ここまで1勝2敗である。勝たなければ閉塞感に覆われたままになりかねない。「絶対に負けられない戦い」ではなく「絶対に勝たなければならない戦いがここにある」という試合だった。

チームを上昇気流に乗せるべく、ここで森保監督は思い切った手を打った。それまでの1―4―2―3―1から1―4―3―3に選手の並びを変えたのである。

日本の1―4―3―3は両ウイングを張らせるバイエルン・ミュンヘンのような左右対称ではなく、右肩上がりになっている。森保監督が乾坤一擲の勝負に出たオーストラリア戦以降、チームは心理面でも開き直って戦えるようになった。

配置の変更は決してギャンブルではなく、森保監督には根拠があったことを強調しておきたい。決断の土台に練習がある。代表チームは集合から試合までの準備期間が、クラブと比べたら数えるほどしかない。そのわずかなセッションで、森保監督は田中碧の上り調子をしっかりキャッチし、インサイドハーフで起用することに手応えを感じていた。オマーン、中国との9月シリーズで田中を招集しなかったのは、川崎Fからデュッセルドルフへ移籍したばかりで地固めが済んでいなかったからだった。田中の起用は森保監督の頭の中に常にあり、タイミングを計っていたと言えるだろう。

田中は開始8分に先制ゴールを決め、森保監督の期待に見事に応えてみせた。後半に直接FKを決められて一度は追いつかれたものの、86分に決勝点をもぎ取って日本は息を吹き返した。この決勝点はオウンゴールと記録されたが、相手ゴールになだれ込む気迫がそうさせたもので、魂がこもったゴールだったと思っている。それまでの日本は途中から入った選手がチームのパフォーマンスを押し上げることがなかなかできずにいたが、この試合は古橋亨梧も浅野拓磨も、十分に交代出場の役割を果たしてくれた。

オーストラリアとの大一番に勝ったことで、視界はぐっと開けた。続く11月のアウェイ連戦もフライトのトラブルがあり、欧州組が最初の開催地ベトナム・ハノイに到着したのは試合前々日という慌ただしさ。それでも、11日のベトナム戦は伊東純也のゴールで1対0の勝利をつかんだ。そのままマスカットへ飛んで16日のオマーン戦に臨み、再び伊東のゴールで1対0。予選突破圏内の2位に浮上して、21年を締めくくることができた。

ホーム連戦で勝点6を取るために

正念場の22年は、ホームからスタートした。埼玉スタジアムに中国、サウジを迎えた。1月27日の中国戦を経て2月1日にグループ首位のサウジと戦う試合の順番が、我々にとってプラスに働いた。というのも、2試合1セットを繰り返す最終予選で、日本は海外組が合流直後となる1試合目で苦戦を強いられてきたからだ。2連戦のアタマの試合がサウジ戦だったら、かなり厄介なことになっていただろう。

ホーム2連戦で勝点6をもぎ取るために、我々も打てる手はすべて打った。国内組のコンディションを少しでも良くするために、元日恒例の天皇杯決勝を21年12月19日へ前倒しした。選手は例年より早めにオフに入り、その分早めに始動してもらい、JリーグとJクラブにお願いして国内組だけの事前合宿を1月中旬から組ませてもらった。

舞台設定にも最大限の努力を払った。アジア予選の主戦場となってきた埼玉スタジアムは、本来なら21年12月から22年春にかけて芝の張り替え工事を行なう予定だった。そうなると、最終予選のラストスパートのタイミングで使えない。そこで埼玉県にお願いし、サッカーに理解のある大野元裕県知事の賛同も得て、工事を1年延期してもらったのだった。

南野と伊東のゴールでサウジに2対0で完勝し、埼玉スタジアムで戦えて本当に良かったと思った。会心のゲームができたのは「日本をワールドカップに行かせてやろうじゃないか」と思ってくださる、たくさんの方々の目に見えない支援や尽力、協力があってこそだ。

最終予選突破は3月24日、シドニーでのオーストラリア戦で決めた。見ている私も鳥肌が立つような、素晴らしい勝利だった。

欧州組はシドニーへ移動するだけでも、本当に大変だったと思う。それはやむを得ないとして、国内組には少しでも良い体調で臨んでもらいたく、オーストラリア戦直前のJリーグの試合は、3月19日の土曜日に終わるようにJリーグ側に協力してもらった。選手は土曜日のうちに機上の人となり、ぐっすり眠って朝起きたらシドニーに着くというスケジュールを組むことができた。

私が選手より1日遅れで羽田からシドニー行きの飛行機に乗ると、J2のファジアーノ岡山所属のオーストラリア代表、ミッチェル・デュークがいた。岡山は日曜日に試合があったので、彼はJ1リーグでプレーする日本代表選手より遅れてシドニー入りすることになったのだ。日本戦に先発した彼は大いに奮闘したが、肉体的には大変だっただろう。「たかが1日」の差が「されど1日」になるのが、シビアな最終予選の怖さである。

オーストラリア戦の後、遠藤航と板倉滉がチームから離れた。ホームのベトナム戦を前にした離脱には議論の余地があったかもしれないが、二人は東京五輪からずっと休みがなかった。1日でも多く休養を与えて英気を養ってもらうことが、選手たちの未来に重要との結論に達したのだった。

3月28日の最終予選最終戦、対ベトナム戦はサッカーがメンタルスポーツだと改めて痛感させられた。本大会出場を決めた直後の祝祭ムードに包まれ、多少なりともチームに浮ついたところがあったのは否めない。4万4600人という今予選最多の観衆に足を運んでもらいながら、引分けに終わって勝利をプレゼントできなかったのは本当に残念だった。

ハード、ソフト両面で戦う体制を整えた

コロナ禍で制度的に定着しつつある5人の交代枠は、今回の最終予選では総合力のある日本にプラスに働いたと感じる。三笘薫のような流れを決定的に変えられる選手は、対戦相手にいなかった。三笘にしても、堂安や久保、上田綺世にしても、特徴的な武器を持っている。それだけ状況に応じて色々なカードが切れるわけで、本大会でも採用される予定の5人交代ルールとマッチしているようで頼もしい。

ホームのありがたみも、しみじみ感じた。それはスタジアムだけにとどまらない。高円宮記念JFA夢フィールドのような良質の芝生のグラウンド、身体のケアもできる施設を自前

で持つことで、新型コロナウイルスの検査をはじめとしてチェックすべき項目が増えた現在の状況に、迅速に対応できた。そうやってハード、ソフト両面で戦える体制が整うことで、選手は本当に家に帰ってきたような感覚で安心してトレーニングに打ち込み、試合に臨むことができた。

日本が高いレベルで総合力を保てたのは、ＪＦＡが欧州オフィスをドイツ・デュッセルドルフに構えたことも大きい。日本の成果に触れ、オーストラリアサッカー協会も同様の拠点作りを検討し始めたと聞いた。そういう環境整備で日本が一歩リードしていたことが勝点差につながり、2位と3位の明暗を分けたと言えるかもしれない。

デュッセルドルフは欧州のど真ん中で交通の便が良く、オランダやベルギーもすぐそばだ。そこに20年10月から常駐のスタッフを置いている。

欧州オフィスのメリットは多々あるが、タイムリーに選手の状況が分かるようになったことが一番だろう。ＪＦＡから選手の所属クラブに招集のレターを送り、あるテーマについてディスカッションするにしても、これまでは時差の関係でどうしてもタイムラグが生じていた。現在はダイレクトかつ密に、連絡が取れるようになった。メールやレターのやりとりだけでは不可能なレベルの情報交換が、各クラブ、各国協会とできるようになった。

コロナ禍では飛行機も減便、欠航が相次ぐ。そういう状況にも欧州に常駐スタッフがいることで、スムーズに対応できるようになった。

代表チームのハンドリングは難しい。世界的な傾向としてクラブの発言権がどんどんと強くなり、選手が代表チームと所属クラブの板挟みになる傾向も強まっている。そういうタフな状況下でも、ＪＦＡの職員は代表チームの活動を精力的にバックアップし続けてくれた。

１月に予定していたウズベキスタンとの強化試合は、新型コロナウイルスの影響でキャンセルされたが、予選全般を通してコロナ禍という予測不能な状況もコントロールできたのではないだろうか。それはひとえに、多くのファン、サポーター、スポンサー、政府、開催自治体の関係者など、予選をコンプリートさせるために力を貸してくださった方々のおかげだと強く感じている。まさに総力を挙げて、日本代表の背中を押していただいた。過去６回同様に、「オールジャパン」で勝ち取ったワールドカップ出場だった。

最終予選終了後、森保監督は47都道府県サッカー協会に全選手のサイン入りユニフォームを送った。「良い選手を育ててくれてありがとうございます」という感謝の気持ちを表わしたものだ。森保監督らしい気配りだと思う。私も改めて、サッカーを愛するすべてのみなさまに、心から厚く御礼を申し上げたい。

⚽2022年9月　日本代表欧州遠征

22年9月は、各カテゴリーの日本代表チームが世界各地で活発に活動する「代表マンスリー」だった。日本代表はIWを利用してドイツ・デュッセルドルフで強化試合を行なった。9月23日の米国戦は2対0で勝ち、同27日のエクアドル戦は0対0で引き分けた。試合内容も良く、11月開幕のワールドカップ・カタール大会へ向けた良い準備になったと思う。

欧州拠点を置くデュッセルドルフでの開催だったこともあり、海外でありながら運営は非常にスムーズだった。日系企業が多く進出し、在留邦人が約8千人も住んでいて、「リトルトーキョー」と呼べる一角もある街だから身構えることがない。練習の合間に地元のインターナショナルスクールの生徒たちと、写真撮影などの交流・普及活動ができたのも良かった。シュテファン・ケラー市長も、我々を大いに歓迎してくれた。同市と千葉県は姉妹都市関係にあり、ケラー市長はJFA夢フィールドを表敬訪問してくれたこともある。会場となったアレーナは市の持ち物で開閉式の屋根がついているが、地元のクラブの試合では雨が降っても屋根を閉じることはないそうだ。それが今回のエクアドル戦では、わざわざ屋根を閉めてくれた。明らかに市の好意だった。

エクアドルのサポーターの多さにも驚かされた。これは想定外だった。ギリギリになってコミュニティからの問い合わせが増えたと聞く。おかげで会場の雰囲気が、国際試合らしくなった。

米国もエクアドルもワールドカップに出てくるチームだけに、緊張感のある本番に近い試合ができた。実感したのは海外組のコンディションの良さ。時差も移動も少ないから、睡眠時間を含めた休養が十分に取れる。それが試合内容の濃さに直結した。20年にオランダ、オーストリアで親善試合を行なった際も感じたことで、国内軽視と思われると困るのだが、欧州でテストマッチを組むありがたみと意義を改めて噛み締めた。

米国戦は走力という面でインテンシティの高いゲームができた。日本代表のフィールドプレーヤーの「時速20キロ以上の速さで走る割合（高強度ラン）」のパーセンテージは、ここ2年で初めて10パーセントを超えた。これは我々が目ざしているところだ。米国も10パーセントを超えていたので、スピードという視点から見るとインテンシティの高い試合展開だといえるだろう。

エクアドルはスター選手こそいないが、組織としてのまとまりがあった。相手を外したと思っても完全には入れ違えない身体の強さがすごかった。おかげでデュエルの面でインテンシティの高さが求められる試合になった。日本の良さが出たなかで、短期間でも意識して向上しなければならない課題も見えた。ケガなどでチームを離れる選手も出たが、当初の予定どおりにほとんどの選手をゲームに関わらせることができたのは、収穫にあげられるだろう。チームを二つに分けても実力的に遜色ない、ということも確認できた。

スタッフの活動もワールドカップを見据えて

技術委員長という立場上、必要以上に個人に言及すべきでないと自覚している。その上で言うと、冨安が久しぶりに代表に合流し、90分間フルにプレーしてくれたのは嬉しかった。センターバックでスタートし、酒井がベンチに下がった後半は右サイドバックも務めた。所属クラブで充実の時を迎えている遠藤、守田英正の出来も素晴らしかった。スポルティングの一員としてチャンピオンズリーグに常時出場している守田は、欧州のインテンシティの高さに完全に適応した感がある。エクアドル戦が終わるとスタジアムからポルトガルのリスボンへ直帰し、4日後の試合に出場した。これも欧州で試合をやったことのメリットだろう。

今回の遠征には日本代表のキャプテンだった長谷部誠が顔を出してくれた。長谷部はフランクフルトの選手の活動と並行して、指導者ライセンスを取得中。18年のワールドカップ・ロシア大会までともに戦った代表の「今」を気にしてくれたのだろう。チームのミーティングにも参加し、我々スタッフとも「ドイツではこういう感じでやっている」と意見交換がで

©JFA
長らく代表のキャプテンを務めた長谷部誠選手が、欧州遠征時に合流してくれた。

きた。お互いにとって有意義な時間を過ごせたと思う。

スタッフの体制も活動も、ワールドカップ本番を見据えたものだった。

準備段階でのフィジカルのデータの取り方を含め、ワールドカップを完全にシミュレーションして動いた。11月にカタールに集合した際に、悪い意味でのサプライズがまったくないようにするためである。一つの集団になってあらゆる面で万全な状態を作り、チームを本番に臨ませるのが我々スタッフの仕事なのだ。

すでに7月の東アジアサッカー連盟（EAFF）E―1選手権から毎朝、広報、メディカル、分析担当、エキップメント、総務担当、シェフの西芳照さんら各セクションの代表者を集めて、対面でミーティングを行なっている。本番が近づくにつれてスタッフの数はどんどん増え、各セクションの仕事の量もみるみる増えている。その処理に追われるほどに、別のセクションとの意思の疎通はおろそかになりかねない。それを危ういと感じたからだ。

他のセクションがどんな取り組みをしていて、どんな問題を抱えているか。それを互いに共有できているほうが、全体の仕事はスムーズに運ぶ。一体感も醸成されるに違いない。そう考えての〝朝礼〟の導入だ。単純に情報共有を徹底するだけでなく、自分たちの思いをぶつけ合える場にもしたかった。この取り組みは、ワールドカップでも継続してやっていく。

9月の2試合は、最後の選手選考の場となる国際試合だった。11月1日には、ワールドカップに臨む26人のメンバーが発表される。森保監督はこの件に関して完全に最終決定権を持ち、私を含めて周りがとやかく言うことはない。

従来の6月開催のワールドカップでは、時期的に選手の移籍が絡んだりするが、今回はそういう雑音を気にすることなく最終メンバーを選べる。これはいいことだろう。

どういう顔ぶれになるにしても、チームが一心同体であることに変わりはない。メンバー発表をした後もそれぞれが所属するリーグの試合は続くから、選出された後にケガをする不運な選手も出てくるかもしれない。そういう意味で、最後の最後まで気の抜けない時間が続くことになる。

日本代表はコロナ禍でも決して歩みを止めることなく、充実した活動を送ってきたと思っている。最終予選で苦しい時期もあったが、苦しんだからこそ得られたものもあった。私が技術委員長になってから、スタッフにセットプレーコーチやフィジオセラピストを加えるなどしてきた。チームのためにプラスになると思ったことは、積極的に採り入れてタイムリーに援護射撃をしてきたつもりだ。本大会のために用意する練習場も宿舎も万全を期した。決戦が近づいてきてつくづく感じるのは、何をやっても、何が起きても、不安を感じてしまう。それが、ワールドカップというものなのだろう。

⚽2022年11月　ワールドカップ・カタール大会メンバー発表

11月20日にカタールで開幕するワールドカップが、目前に迫ってきた。大会に参加する26人のメンバーも、11月1日に森保監督の口から明らかにされた。発表の場で名前を呼ばれた選手も呼ばれなかった選手も、胸中に様々な思いが去来しただろう。森保監督のとなりの席で読み上げられる選手の名前を聞きながら、私もここまでの努力、苦労、歓喜などが頭をよぎり、同時に気持ちが高揚してきた。

ＦＩＦＡが定めたルールでは、26人の最終リスト提出期限は11月14日。その前の段階で55

人以下のラージリストを提出しておき、その中から26人に絞りこむという方式だった。ただし、グループステージ初戦の24時間前までなら、メンバーの差し替えは可能となっている。差し替えはケガなどの医学的な問題が生じた場合に限られ、ドクターの診断書を添えなければ認められない。14日に26人のリストを提出した後の差し替えは、55人のラージリスト以外の選手でもOKとなっている。

そういう仕組みを知ると、11月1日の発表は早すぎるのでは、と思う方がいるかもしれない。J1リーグは11月5日に22年シーズンの全日程を終えたが、欧州各国はリーグ戦、カップ戦を13日まで行なった。それまではどの選手がケガをするか分からないから、ギリギリまで待って26人をフィックスしたほうが良かったのではないか、と。

1日にメンバーを発表したのは、J1リーグの日程も関わっている。ワールドカップの開催時期が従来の6～7月から11～12月に後ろ倒しされたことで、J1リーグの最終節をどこに設定するか、1年前に真剣な議論がなされた。そして、最後の残り2節は中1週間空けて全9試合を同日同時刻開催とし、コンディションを限りなくイコールにして優勝争い、残留争い等の公平性を担保することになった。その結果、11月5日の最終節で固まったのだった。

5日を最終節にしたのは、ワールドカップに参加するJリーガーに少しでも休養を与えたいと考えたからである。これまでの夏開催のワールドカップなら、Jリーガーはシーズンの真っ最中に大会に突入できた。コンディションは比較的良かった。一方、欧州拠点の選手は長いシーズンが終わってから参加するため、疲れを取るのが大変だった。

冬開催となったカタール大会は、長いシーズンを戦い終えた疲労を抱えて参加するのはJリーガーになる。5日に最終節を終え、7日はJリーグアウォーズに出席し、9日にカタールへ飛び立つ。こんな慌ただしいスケジュールを想定すると、せめてメンバー発表だけでも早めに済ませ、サバイバルレースを続けてきた選手の緊張を解きほぐし、心と身体を整える時間を少しでも与えたいと考えた。

ワールドカップ中はNDの仕事に一意専心

選ぶ側も選ばれる側も、11月1日まで根を詰めていたと思う。メンバー発表は一つの節目というか、気持ちが切り替わる日になったはずだ。ただし、本当の意味で一息つけるのはまだ先になる。ワールドカップに合わせて、FIFAは当初の開幕1週間前に当たる14日からIWを設けた。その期間を利用して、日本はカナダと大会前最後のテストマッチを行なう。グループステージで対戦するスペイン、ドイツ、コスタリカも、テストマッチを組んでいる。

裏返すと13日まではIWではないので、欧州各国は国内リーグやカップ戦、チャンピオンズリーグなどをぎゅうぎゅうに詰めこんだ。その結果、いつケガ人が出てもおかしくない状況になった。1日にメンバーを発表した我々も、欧州組が多数派になったからまったく気が抜けない。実際に発表翌日の2日に、中山雄太がアキレス腱を痛めて出場を断念することになった（代わって湘南ベルマーレの町野修斗を招集）。本人にとってこんな無念はなかったはず。その悔しさを押し隠し、手術を終えた後に仲間へのエールを発信した中山には、本当に頭が下がる思いだった。

メンバー発表前、負傷からの回復途上にあった浅野、板倉、田中らの状態は気になるところだった。彼らの最新情報を集めるために日本代表のチームドクターとトレーナーを欧州拠点のデュッセルドルフへ送り、所属クラブのチームドクターと協議を重ねさせてきた。

そういう密で即時な情報交換を可能にする点で、デュッセルドルフに〝支社〟を設けたのは大きなアシストになっている。負傷者の回復と復帰のプログラムを組み立てるのは大変難しい作業だが、そちらも新たに代表スタッフに招いたフィジオセラピストが効力を発揮すると思っている。

私自身は今回、日本代表の選手団団長を務める。団長と言っても、ここからはナショナルチームダイレクター（ＮＤ）の仕事が本筋になる。前回の西野朗監督の時は関塚隆さんが担ったポジションだ。

ＪＦＡの数ある代表チームの中で、ＮＤはトップの日本代表に特化してマネジメントするのが役目。今回も別にＮＤがいたら、１日のメンバー発表会見でも森保監督の隣に座っていたのは技術委員長の私ではなく、そのＮＤだったろう。今現在、私は技術委員長とＮＤを兼任している。技術委員長は本来、代表強化も選手育成も指導者養成も普及もすべて職掌するポジションだが、この約１カ月間はワールドカップの戦いに一意専心する。

選手団団長という最高責任者になるわけだから、気持ちは自然に引き締まる。何といってもコロナ禍での大会である。始まる前も始まった後も、何が起きるか分からない。ＪＦＡのガイドラインに従いながら、カタール入国後は頻繁に検査を行ない、外部との接触をできる限り避け、避けることができなかった場合はその都度検査をしていく。

それでも何か起きた際は、初期段階での対応が極めて重要になる。ＦＩＦＡのレギュレーションによると、試合を行なうには最低13名の選手が必要で、ＧＫがいない場合はフィールドプレーヤーが背番号、名前なしのＧＫユニフォームを着て試合に参加することになっている。出場可能な選手が13人に満たない場合は、大会組織委員会が協議する。それを踏まえ、３人のＧＫは同じ円卓で食事を取らない、飛行機やバスでの移動はなるべく離れて座るなど、細心の注意が必要になってくる。

今回のワールドカップは、準備期間が短い。大会が始まるまで、新たなケガ人は出るかもしれないが、条件はどの国も同じだと思っている。
問われるのは選手だけでなく、スタッフの力も含めたチームの総合力だ。我々がどこよりも早くカタールに乗り込んだのは、試合に向けた準備を一つひとつ丁寧に仕上げていくためだった。

責任者として細心の注意を払い、森保監督と選手、スタッフ全員の活動を最後の最後までサポートする。ここまでは万全を期して準備してきたつもりだし、まずはドイツとの初戦を大いに期待してほしい。チームに「ここには勝てるだろう」という甘い空気はなく、チャレンジ精神の塊でいる。

グループ内4チームのＦＩＦＡランキングを合計すると、日本が属するＥ組は「73」だ。グループＢ（イングランド、米国、イラン、ウェールズ）の「60」に次いで少ないハイレベルなグループ。優勝経験のあるドイツとスペインはもちろん、コスタリカも１００パーセント以上の力を出さなければ勝てない。そういう相手との対戦が、とても楽しみでもある。

日本代表のアイデンティティを表す５つの言葉がある。「誇り」、「責任」、「礼節」、「団結」、「覚悟」である。カタールでの活動でも、これらを全面的に押し出していきたい。どんな試練に立たされても、ＪＦＡがやってきたことは正しいと証明されるように、一丸となって乗り越えていく。人事を尽くし、最後の最後まで力を合わせて１００パーセント以上の力を出して、いい天命を待ちたいと思う。

⚽2022年11月〜12月　ワールドカップ・カタール大会

日本代表はワールドカップ優勝経験のあるドイツ、スペインを撃破し、グループステージを見事に首位で通過した。残念ながらラウンド16で前回準優勝のクロアチアにＰＫ戦で敗れ、目標に掲げたベスト８以上という「新しい景色」を見ることはできなかった。それでも森保監督を中心に選手、スタッフが一丸となった戦いは、日本中を感動で満たし、大きな賛辞を浴びることになった。

私自身は悔しさが先立ち、多くの人に「感動をありがとう」と感謝されることに戸惑っている部分もある。しかしながら、スポーツの一番の魅力であるライブの感動、作りものではないノンフィクションの感動を、日本の皆様に届けられたという手応えはある。

ＪＦＡの田嶋幸三会長が繰り返し語っているように、キッズからシニアまで日本サッカーの発展には多くの人々が「ファミリー」として関わっている。それぞれの場所での地道な努力の積み重ねがあってこそ、日本代表の活躍もあるという認識は絶対に忘れてはならない。サッカーに関わるすべての人に、応援して下さったすべてのみなさまに「本当にありがとうございました」とお伝えしたい。

技術委員会を司る委員長として帰国後、ただちに技術委員会強化部会を開催し、その後は技術委員会を開催した。カタールでの戦いについて活発かつ冷静な議論を重ね、最終的に森保監督の再任を技術委員会から上程し、22年12月28日のＪＦＡ臨時理事会で承認を得られた。森保監督と契約更新で合意できたことを、大変嬉しく思っている。

ワールドカップを戦い終えた監督に、引き続き指揮を執ってもらうのは日本サッカー界では初めてのことだ。色々な意見があることは承知しているが、世界のサッカーの流れを踏まえた上で技術委員会が出した答申には自信を持っている。

サッカーの試合を戦術面から腑分けすると、個人、グループ、チーム、ゲームという各層に分かれると考える。個人戦術やグループ戦術はプロになる前に身に付けるものであり、どの国のどのチームにも共通する普遍的なベースの部分となる。

チーム戦術やゲーム戦術になると監督の「色」が出て、手腕が問われるところでもある。森保監督はチーム戦術を浸透させることに、重きを置いてやってきた。その上で、本番で戦うドイツやスペインの分析をすると、これまで積み上げてきたチーム戦術だけでは勝ちきれないものが見えてきた。勝つ確率を少しでも高めるために、対戦相手に対応していけるゲーム戦術をトレーニングで加えていった。

それまでのチーム戦術だけに固執して、ドイツやスペインに粉砕されたら感動もへったくれもない。勝つための理に適った戦術の採用だったと我々は評価している。

採用するゲーム戦術を短期間で浸透させるには、それに応えられる選手がいないと難しい。幸いにもその変更に耐えられる人選をしていた。ドイツ、スペインと戦うために、こちらは最終ラインを低くして背後のスペースを消しつつ、全体をコンパクトな状態に保つことに腐心した。日本の陣内に入って戦うドイツの背後には大きなスペースが空いているから、ファーストブレークは難しくない。実際、オフサイドで幻の先制点に終わったものの、伊東が右サイドからアーリークロスを送り、前田大然がゴール前で合わせたシュートは、笑いがこみ上げるくらいに狙いどおりだった。ドイツのサイドバックが意識的に高い位置を取るのは分かっていたから、伊東、前田、浅野らのスペースランナーを使って背後を取ろうというのは、チームの共通認識だった。

優勝国アルゼンチンが見せた「覚悟」

22年12月28日の再任会見で、森保監督も私も「能動的なサッカーを目ざす」と話した。そのためには個の力のかさ上げが、さらに必要になる。一朝一夕に片が付く問題ではないが、鉄は熱いうちに打ちたい。

好例はある。久保のプロデビューは15歳5カ月、堂安は16歳11カ月、冨安は17歳8カ月。日本代表初キャップは久保が18歳、冨安が19歳、堂安が20歳である。JFAは17歳でJリーグにデビューし、10代で日本代表になるというキャリアパスをモデルとしており、この3人はほぼそれに当てはまる。彼らのような選手を引き続き輩出できるように、それを後押しするような機会や場を提供していくつもりだ。

カタールでは、東京五輪のメンバーがオーバーエイジを含めてチームの背骨になってくれた。次のワールドカップをにらむと、24年のパリ五輪は試金石であり跳躍台にもなり得る。

パリ五輪は01年生まれの選手に出場資格がある。カタールで戦った32チームにパリ五輪世代がどれくらいいたのかを調べると、約10パーセントだった。日本は久保ひとりだ。

この年代の発掘と強化は、高校卒業後にJクラブに入団しても、大学に進学しても、新人1年目で出場機会がなかなか得られないという「ポストユース」の問題が密接に絡んでいる。この年代の試合環境をどう変えていくか。日本代表の森保監督、U－22日本代表の大岩剛監督、U－20日本代表の冨樫剛一監督、U－17日本代表の森山佳郎監督と、世界に挑む監督同士に密接に意見交換をしてもらうつもりでいる。監督だけでなく、各カテゴリーのフィジカル担当らコーチ同士の情報共有も重要だ。各カテゴリーの情報を全カテゴリーで共有し、世界に打ち勝つためのタレントの発掘やインテンシティの定義づけなど、先を見据えて行なっていく。

今回のカタール大会では、サッカーが格闘技であることを改めて認識させられた。アルゼンチンとフランスが激突した決勝にしても、次の試合がないからイエローカードを1枚もらうのは当たり前という感じで、壮絶なコンタクトプレーの連続だった。

3対3の点の取り合いの末に、フランスをＰＫ戦で下したアルゼンチンは本当に興味深いチームだった。我々とは思想が明らかに異なる。

守備ならしっかりラインを揃えて個々の選手もしっかりポジションを取り、コンパクトな陣形を保ってディフェンスにいこうというのが我々の常識だ。それに対してアルゼンチンは、「この選手はどこがノーマルポジションなのか?」という感じで、システムをメモするにもすぐには分からないのである。守備をサボっているわけではない。逆だ。「ポジションを取ってからプレスにいく」というような生半可な態度ではなく、「ボールは即、狩りにいく」という詰めかただ。奇麗事では終わらない覚悟を、全員が持っていた。

ワンタッチパスの連続でアンヘル・ディ・マリアが決めた決勝の2点目は、サッカーの神髄を見た気がした。そういう高い技術力を備えた上で、戦うこともできる。

アルゼンチン以外にもクロアチアのマルセロ・ブロゾビッチ、モロッコのソフィアン・アムラバトら、4強に残ったチームには非常にタフな選手が揃っていた。ある種の荒々しさ、激しさを備えた選手が脚光を浴びる時代になったのかもしれない。プレーメーカータイプでも、ボール狩りに参加できなければチームの一員になれない時代と言えるかもしれない。

日本代表なら遠藤はそういうことができるが、どの年代でもおしなべて守備範囲は狭い。まだまだ改善の余地がある。育成年代まで遡り、選手の在り方を見直す必要がありそうだ。

ＰＫ戦も試合の一部として対策を講じる

日本がクロアチアにＰＫ戦で負けたのは、目標に向かってチーム一丸となって粘り強く戦うことができていただけに残念だった。ＰＫ戦については「運だ」と言う人がいれば、「運もまた実力の内」と言う人もいる。アプローチが難しいのは分かる。

日本と同じくクロアチアにＰＫ戦で敗れたブラジルは、試合の前々日、前日と練習の最後に全員にＰＫを蹴らせてキッカーの品定めに役立てたと聞く。オランダはワールドカップ前にＰＫ戦用のキャンプを張ったという話もある。それだけ準備しても、ブラジルもオランダもＰＫ戦で敗れた。一筋縄ではいかないことが分かる。

だからといって、何の準備もせずにＰＫ戦に臨ませるわけにはいかない。日本は今回を含めてワールドカップのラウンド16に4回進出したが、10年の南アフリカ大会と今回はＰＫ戦でベスト8進出を阻まれている。ＰＫ戦も試合の一部と考え、対策を立てていくしかない。

ＰＫに関しては色々な研究がなされ、有意義な論文もかなりある。それらによれば、ＰＫ戦で主審の笛が鳴って3秒以内にボールを蹴る選手は、5秒以上かける選手より外しやすいそうだ。他にもキッカーの順番は遅くなるにつれて外す確率は高くなる、試合にフル出場した選手が失敗しやすいとか、興味深い統計がたくさんある。さらには「ここで決めなければ負けてしまう状況」での成功率は62パーセントで、「ここで決めれば勝てる状況」では成功率が92パーセントに跳ね上がるのも面白い。敗北の責任がかかるより、ヒーローになれる状況の方が選手を前向きにさせるのだろう。

ポジション別の成功率はＤＦ（68パーセント）やＭＦ（69パーセント）よりＦＷ（76パーセント）が高い。利き足による差はない。１９８２年から18年までのワールドカップの全ＰＫを調べた結果、ゴールマウスの上３分の１に蹴り込んだＰＫは全部決まっているそうだ。クロアチア戦の日本のキッカーは、誰もそこに蹴れなかった。もちろん、クロスバーに当てたり、大きくふかしたりするリスクと隣り合わせではあるが。

早速というわけではないのだが、22年12月にＵ―18日本代表が参加した大会では、勝敗に関係なくＰＫ戦をやるようにしてもらった。Ｕ―16日本代表も12月にパラグアイでの国際大会に参加したが、そこでも主催者にお願いして試合後にＰＫ戦を組み込んでもらった。

こういうことは実は珍しくない。冨樫監督が率いるＵ―19日本代表が11月末にスペイン遠征を行なった際も、対戦相手のフランスに申し込まれて試合の後にＰＫ戦をした。どの国もＰＫ戦対策が無視できなくなっているのだ。

アンダーエイジの活動にＰＫ戦を組み込むことにしたのは、現実的にＰＫ戦の機会が非常に乏しいからである。高校選手権で蹴ったのが最後という選手もいる。そんな背景で、いきなりワールドカップやアジアのトーナメントのノックアウトステージでＰＫ戦のキッカーに指名されたら――平常心でいられないだろう。

イングランドのハリー・ケインはＰＫを蹴る前に、スネ当てを直し、ソックスを直し、ユニフォームを正して、というルーティーンを持っていて、それで不安をコントロールするという。ラグビー元日本代表の五郎丸歩さんのプレースキックの際のルーティーンが話題になったことがあるが、ＰＫにも必要なのかもしれない。

ＰＫ戦ではセンターサークルからスポットに向かっていく選手に必ず声かけをして、全員の感情を伝播する必要もあるそうだ。そうすることでキッカーを孤独にさせず、シュートが決まったら一緒に喜んでチームスポーツの高揚感を味わえるようにすることも大切らしい。

世界大会や世界大会に通じるアンダーエイジの公式戦では、ノックアウトステージになるとＰＫ戦を避けて通れない。ＰＫ戦で負けて本大会のチケットを逃すことは過去にもあった。本番と同じ緊張感を練習で再現できなくても、機会を増やすことで自分なりのルーティーンを作り上げたり、ＧＫとの駆け引きを覚えたりすることは可能だろう。まだまだ試行錯誤の段階だが今後も色々と場所と機会を設け、ＰＫ戦対策を積み上げていく。

2024年3月　テクニカルハウスとアジアカップ

千葉県幕張のＪＦＡ夢フィールドには、日本代表、なでしこジャパンの代表監督やスタッフのための諸室がある。その一角に「テクニカルハウス」と呼ばれる部屋がある。代表の勝利を後押しするため、分析の仕事に従事する面々がほぼ毎日ここに通い、パソコンをにらみながら黙々と作業をしている。テクニカルハウスのリーダーとして私は、ワールドカップ・カタール大会後にＮＤの職を離れてからは特にそのマネジメントに心血を注いだ。

テクニカルハウスのスタッフは男子の担当が10人、女子の担当が３人の計13人。男子の中でも日本代表に３人、Ｕ―23日本代表に２人。Ｕ―19日本代表、Ｕ―16日本代表、Ｕ―15日本代表、トレセンや指導者養成など、フットサル日本代表とビーチサッカー日本代表に各１人と、担当は細かく分かれている。国際大会が近づくと担当の垣根を越えてサポートし合うので、全員で一つのチームと言っていい。

分析に携わる要員をどう呼ぶか。これは悩ましい問題だ。「アナリスト」と呼ぶクラブがあれば、コーチの中に入れているクラブもある。アナリストだと分析だけの印象がするので、我々はもう一歩踏み込んで仕事をする意味合いから「テクニカル」と呼ぶ。

仕事の中身は最新のIT（情報技術）を駆使して、対戦相手を丸裸にすることである。その鋭い分析は、当然のことながら自チームにも向けられる。

ITの爆発的な進化により、分析の中身はどんどん細密になっている。我々もキャッチアップに余念がない。土台には22年のワールドカップ・カタール大会の反省がある。

日本代表はドイツ、スペイン、コスタリカと同居したグループステージを見事に突破したが、初のベスト8進出を懸けた戦いでクロアチアを完全に丸裸にしきれず、PK戦で敗れてしまった。その悔恨から、テクニカルを質的にも量的にも充実させる必要性を痛感し、バージョンアップに着手したのである。

その最初の試金石が、24年1月開幕のアジアカップだった。残念ながらベスト8で敗れ、テクニカルの功績があったと胸を張れる結果にはならなかった。それでも今回はグループステージ最終戦でインドネシアに勝った後、ベスト16の戦いで対戦相手のバーレーンの分析が完全に、しかも完璧に済んでいたことは申し上げておきたい。

では、どういう準備をしていたのか。詳細を語ることはできないが、テクニカルをA、B、Cの3層に分けて準備した。

C層は現地へ行かずに、対戦するか対戦する可能性のある相手国の映像を、こちらのリクエストどおりに切り貼りしたり、その国のメディア情報などをピックアップしたりして我々に情報提供するリモート要員である。

16年12月にJFAと東京大学がスポーツ医学・科学研究の分野で連携協定を結んでから、従来の筑波大学の学生に加えて東京大学の学生もこの層に加わるようになった。総勢は30人ほど。彼ら学生とは事前のミーティングで分析の力点や何に注意してほしいかを明示して、齟齬がないように努めた。

24年元日のタイとの強化試合の前には、C層の学生たちをJFA夢フィールドに集め、日本代表の森保監督にあいさつをしてもらった。そうやって臨場感を味わってもらえば、リモート仕事が多い彼らのモチベーションアップにつながると考えた。

C層が集めるデータは膨大だ。たとえば、バーレーンの背番号何番と打ち込むと、その選手のプレー映像が軽く100シーンは出てくる。バーレーンのセットプレーの配置も、すべて瞬時に出てくる。PKをどこに蹴ってくるのかも、おおよその選手のデータが入っている。抽出したものはクラウド上のボックスに入れて、アクセス権を持つ者なら誰でも簡単に閲覧できる。学生たちにはあらゆる方法で、チーム状況やケガ人の情報なども集めさせた。

C層が抽出したデータを、膨大な量の試合を見て研ぎ澄ますのがB層である。こちらはカタールへ足を運んで日本以外のグループの試合を観て、映像からは拾えない情報も加味して分析する役目を担う。今回は船越優蔵（U―19及びU―18日本代表監督）、菅原大介（U―19及びU―18日本代表コーチ）、越智滋之（U―23日本代表担当）の3人が担当。彼らは分析に指導者ならではの視点も加えていく。

現地へ足を運んでスカウティングするのは、本当に骨が折れる作業だ。カタールは国土が狭く移動する範囲は限られ、車を使えば1日に試合を掛け持ちすることもできた。26年に北中米で開かれるワールドカップとなると、飛行機を使っても移動は大変だろう。次回のワールドカップでは、B層の要員を厚くする必要があるかもしれない。

一番上のA層は日本代表専任の寺門大輔、元セビージャFCの若林大智、中下征樹の3人に、普段はU―23日本代表担当の渡邉秀朗も加わって、膨大な量の生データを取捨選択し、簡潔かつ明瞭に加工して選手に提供する最後の役目を引き受けた。加工されたデータは選手が持つ端末に送られ、自分が対峙しそうな選手の特長などはクリック一つで分かる。その結果、試合前のミーティングで「この選手のここに気をつけろ」といった説明をする必要がなくなり、時間を有効に使えるようになった。今回のアジアカップでは、今までにないほどテクニカルの仕事を結集できたと思う。

分析を生かすも殺すも現場次第

日本が相手を丸裸にしようとするように、当然ながら相手も日本を丸裸にしようと躍起になってくる。22年のワールドカップで日本はドイツに逆転勝ちしたが、ドイツの関係者に聞くと、彼らは日本が人を余らせないマンマークに守り方を変えてきたことに大いに戸惑ったそうだ。逆にドイツが前半に見せたプレーは、事前の分析に基づいていたものだったようだ。

アジアカップ初戦のベトナム戦で日本はCKから失点したが、ベトナムにすれば完全に狙いどおりだったのだろう。2戦目で対戦したイラクが日本の右サイドを徹底的に突いてきたのも、分析に従ったものだと推察する。そういったすべてのプランが、分析を基にしている。

かつては15分の分析映像を作るのに、半日はかかったものだ。それが分析ソフトの発達により数時間で、それもアニメーションに分かりやすく加工して伝えるようなこともできる。とはいえ、時間は短縮できてもマンパワーは必要で、U—23日本代表がパリ五輪の出場権を獲得した場合、ワールドカップ規模とは言わないまでもテクニカルの増員は必要だろう。

指導者養成や育成の分野にも、テクニカルの要員を置いている。その理由は、たとえばU

―17ワールドカップをレフェリングの基準を含めて微に入り細に入り分析することで、これからの選手に求められる資質や能力を「見える化」し、各種各層の育成年代の指導者たちと共有することができるからだ。

テクニカルの分析を生かすも殺すも、現場次第である。試合後も延々と続く彼らの作業を見ていると、絶対におろそかにしてはいけないと感じる。

私自身は性格上、彼らの意見をそのまま鵜呑みにすることはなかった。Jリーグの監督時代は、次の対戦相手の直近3試合を必ず観るようにしていた。気をつけていたのは、テクニカルからの事前情報はシャットアウトすること。素の状態でメモを取りながら、1試合につき4時間ほどかけて映像と向き合った。

テクニカルとの答え合わせはその後。そうしないと情報が入った時点でバイアスがかかり、ニュートラルに試合を見られなくなるからだった。仕事が分業・細分化した今は、監督が3試合もフルに見なくてもほとんど〝正解〟と呼べるものがテクニカルから出てくるだろう。それでも私は、自分でじっくり試合を観ないと気が済まない。アナログ派の典型なのだ。

テクニカルハウスを充実させるにあたっては、外国の事例も参考にした。23年9月、ベルギーのゲンクでトルコと強化試合をした際、日本代表のテクニカルスタッフがベルギー協会を訪ねてヒアリングをした。彼らのやり方で面白いと感じたのは、IWの期間中にクラブの分析班が代表の分析班の一員になることだった。代表とクラブに、そうやって一体感を持たせているのだろう。

学びの対象はサッカーだけに限らない。昨シーズンのＪリーグ終了後、全60チームのテクニカルスタッフに参加を募ってセミナーを開き、その場にプロ野球とラグビーのアナリストをゲストに招いて講話をしてもらった。そういう〝異業種交流〟が、日本スポーツ界のテクニカル全体の底上げにつながると期待してのことだった。Ｊリーグのクラブからの参加者は、野球やラグビーの分析手法に興味津々だった。

データの活用については今後、選手をリクルートする際の材料としても使われるようになるだろう。松本山雅ＦＣの監督当時、高校生で行く先の決まっていなかった前田を私が獲得した。見た目の足の速さに「見どころあり」と判断して採用したが、これからはトップスピードの時速やスプリント回数などを、アマチュアのチームでも参照できるようになるに違いない。分析ソフトは日進月歩で進化しており、そのスピードを目の当たりにすると、ＡＩ（人工知能）が分析を担い、試合中に監督にアドバイスする時代もそう遠くないように感じる。

テクニカルハウスの人員を増やし、分業体制を整え、クリック一つで対戦相手の特長が分かるくらいまでは整備できた。私の就任後の4年間で、大きく変わったことの一つだと思う。

テクニカルハウスのスタッフには、指導者ライセンスの取得を促してきた。テクニカルからコーチや監督になる者が、絶対に出てくると見越してのこと。名将ジョゼ・モウリーニョの下で分析を担当していたアンドレ・ビラス・ボアスのような人材が、である。

選手として有名になるだけでなく、データ収集とその解析によってサッカー界に貢献する道もある。そこから指導者など、他の道に転じることもできる。そういう実例をどんどん増やしていけば、スポーツ界のキャリアパスに広がりが出る。

実際に優秀なテクニカルについては、日本国内でもすでに獲得競争が起きている。テクニカルの数を3人、4人と増やすクラブが出てきているし、今後も増えていくだろう。こうした獲得競争はテクニカルの待遇改善につながるので、ポジティブなことと受け止めている。

©JFA

高円宮記念JFA夢フィールドの外見。この中に「テクニカルハウス」がある。

第3章

育成について語ろう

©JFA

2020年JFA第44回全日本U-12サッカー選手権大会の表彰式より。コロナ禍でいろいろと制限のあった中、関係者のご好意で何とかやりきることができた。

⚽2021年1月　グラスルーツの拡充と「全小」

小学生年代の日本一を決める全日本U―12サッカー選手権、通称『全小』は1977年の第1回から2000年までは夏休みを利用して、東京・稲城市のよみうりランドで行なわれた。その後、東京の味の素スタジアムや西が丘サッカー場、福島のJヴィレッジ、静岡の愛鷹や時之栖へ会場を移し、15年から鹿児島で冬休みに行なわれるようになった。夏から冬へ移したのは、熱帯化する一方の日本の夏に、子どもたちに試合をさせるのは危険と判断したからだ。

11年から11人制ではなく8人制としたのも、大きな変更点だ。当初は試合に出られる選手が3人減ることに抵抗があったようだが、ピッチのサイズを小さくした中で8人制にしたことで、一人ひとりがボールに触る回数は確実に増えた。この年代の子どもたちは「ゴールデンエイジ」と呼ばれ、神経系の発達が著しい。育成の観点から適切な改革だった。

子どもたちがピッチで生き生きと躍動する姿を見ながら、タイムスリップしたような気分になった。と言うのも、私も「全小」のOBと言える一人だからだ。

親の転勤で小学校2年時に引っ越した先が、静岡県清水市（現静岡市）だった。清水市は当時から「サッカーの町」であり、堀田哲爾さんという名物先生が市内の少年チームをまとめ上げ、『オール清水（後の清水ＦＣ）』という選抜チームを編成して全国レベルでその名をとどろかせていた。トレセンの基礎となるようなチームだ。私もすぐにサッカーにどっぷりと浸かり、小学校６年時に『オール清水』の一員として、全小の前身である全国サッカースポーツ少年団大会で優勝した。うだるような暑さのなかで何試合もやり、夜は全国から集まってきたサッカー仲間たちとキャンプファイアーをしたことが、脳裏にしっかりと焼きついている。それが出発点になって、清水東高校でも全国制覇を経験し、その後もサッカーを続けて日本代表になることもできた。

堀田先生はとにかく先見の明があるというか、独創的というか、前例を踏襲せずに何にでもチャレンジする方だった。たとえば、私は小学校６年時に堀田先生の引率で初めてドイツ遠征を経験した。２学年上に風間八宏さんや大木武さんがいるチームは、遠征先でも無類の強さを発揮して話題になった。

『オール清水』は小学生から高校生まで貫かれていた。小学校の校庭に清水東と清水商業（現清水桜が丘高校）の高校生も集まってきて、小学生のサッカー小僧と垣根をなくしてサッカーをする。静岡学園の三浦泰年ともボールを蹴った。夜の練習では、ナイター照明の代わりに車のライトでピッチを照らす。やがて本物のナイター照明が校庭に設置された。

子どもたちは、高校生が目の前で実演する色々な技に、見よう見まねでトライした。正規の練習が終わった後もグラウンドに居残り、こつこつとドリブルやリフティングをするような選手が最終的には伸びていった。クラブ的な土壌を当時から用意した堀田先生の発想と実行力には、今考えても舌を巻いてしまう。私は中学3年時にもセレクションされてブラジル遠征を経験したが、そのチームに帯同して通訳をしてくれたのがセルジオ越後さんだった。何ともぜいたくな環境を整えてくれた堀田先生のサッカーにかける情熱、スケールの大きさには脱帽するしかない。

「勝った？」ではなく「楽しかった？」と聞いてほしい

日本サッカー協会（ＪＦＡ）の技術委員長として、グラスルーツの拡充を重点項目にあげている。その理由はいたってシンプルだ。競技の土台をしっかり固めて裾野を広げるほどに、いい選手を多く世に送り出し、たどり着ける山の頂を高くできるからだ。サッカーに関心を持ち、プレーに興じる子どもが増えれば、二次的三次的にファンを増やす効果も期待できる。

サッカーにそれほど関心がなかった親御さん、おじいさんやおばあさんが、子どもや孫を応援するうちに、指導者や審判のライセンスを取ってみようとなったり、自分もプレーしてみようとなったりする。そういう例は少なくない。小学校までは男女一緒にプレーできるから、性別の垣根もない。小学生まではサッカーの楽しさを、目いっぱい強調して欲しいと思う。勝つ楽しさ、喜びを知ることは大事だが、いびつな勝利至上主義は子どもから競技に対する熱を奪い、競技人口を減らすことになりかねない。親御さんには試合から帰ってきた子どもに「勝ったの？」と聞くのではなく「楽しかった？」と聞いてもらいたい。

欧州では育成年代のレフェリーを、「ピッチマネージャー」と呼ぶことがあるそうだ。日本ではレフェリーを「競技規則の代弁者」として「石部金吉」のようにとらえがちだが、欧州ではプレーヤーの年齢、カテゴリー、ピッチの状態などに応じて、ピッチやゴールのサイズ、ゴールの代わりにコーンを置くとか、試合のやり方を柔軟にディスカッションしながら決めていく。その議論にレフェリーも積極的に関わるのだそうだ。

前提になるのは「こうすることが子どもたちのプラスになるのでは、伸ばすことになるのでは」

©JFA

子どもは、やっぱり笑顔が一番！　勝利ももちろん大切だが、まずは全力でサッカーを楽しんでほしい。

という大局的視点だ。だから「ピッチマネージャー」と呼ぶ。そういう柔らかな受け止めから「小学4年まではGKを置かずに試合をやろう」とか「この選手たちなら8対8より6対6の方が良さそうだ」とか「ゲームはするけれど勝点は争わない、勝敗表を作らない」といったアイデアも出てくるという。

個人的に小学生年代には、サッカーと同時にフットサルを体験することを勧めたい。

20年度の全国高校選手権でベスト4入りした帝京長岡（新潟）は、降雪量の多い冬場はフットサルでスキルを磨くと聞いた。元ブラジル代表のロナウジーニョや現ブラジル代表のネイマールもフットサル経験者。ボールの大きさや重さに違いはあるが、繊細な技術を習得するのにゴールデンエイジでフットサルをやるのは有効だと思う。小学生にもっとフットサルを広めるために、8対8のサッカーと4対4のフットサルの試合を並行して行ない、サッカーの勝点とフットサルの勝点を合算して順位をつけるような大会を開く、というようなことも考えている。

サッカーキッズをもっと増やすには、サッカーを心から「面白い」、「楽しい」と感じてもらうのが一番だ。そのためにも既成概念に縛られないアイデアや知恵を、各県、各地域の指導者から募りたいと思っている。

20年末に第44回全日本U―12サッカー選手権へ足を運んだ。

決勝はＦＣトリアネーロ町田（東京）とジェフユナイテッド千葉U―12（千葉）が対戦し、トリアネーロがＰＫ戦の末に初優勝した。トリアネーロの選手たちに優勝カップを渡し、喜ぶ勝者と涙にくれる敗者の両方に向けてスピーチをした。

「優勝おめでとう。そして準優勝のチームにもあえて、おめでとうと言いたい。涙の数だけ成長できるから。10年後の30年のＷ杯で、日本はベスト4を目ざします。10年後にみんなは22歳になっている。日本代表のユニフォームを着て、そこにいる可能性がみんなにある。もっともっとうまくなるように頑張って。期待しています」

全国大会まで勝ち上がってきたチームだけあって、レベルの高い試合を見させてもらった。ＧＫがフィールドプレーヤーのごとく組み立てに関わることも当たり前になった。

優勝したトリアネーロもゴールキックの際にはＤＦがＧＫのすぐとなりに立ち、そこから丁寧につないだり、ＤＦが最終ラインからボールを持ち出したり、ビルドアップにこだわりを持ったチームだった。１対１のチャンスにドリブルで仕掛けることも多かった。

ベスト16に残ったチームの半分は、Ｊクラブのアカデミー（育成組織）ではない、いわゆる「街クラブ」だった。トリアネーロもその一つで、そういうクラブが激戦区の東京を勝ち抜いて日本一になったことは、多くの街クラブの指導者と選手を勇気づけたことだろう。

スペイン人監督のジェフも好チームだったが、今回はＰＫ戦で惜しくも優勝を逃した。私が現役時代を知る斎藤大輔や工藤浩平の息子さんが、選手としてチームにいることも驚きだった。とくに工藤は、私が松本山雅FCの監督時代に選手として頑張ってくれたので、「あの時の子どもが、こんなに大きくなっているのか」と感慨もひとしお。お父さんと同じJリーガーを目ざすであろう彼らが、今後どんなキャリアを歩むのか、本当に楽しみである。

⚽2021年2月　選手育成とユース改革

21年に開催されるはずだったアンダーエイジのワールドカップ、U―17ワールドカップとU―20ワールドカップがコロナ禍で中止となった。それに連動して、アジアからの出場国を決めるアジアサッカー連盟（AFC）のU―16選手権とU―19選手権も中止となった。

U―20の日本代表はほとんどがプロで固められているが、U―17は高校1、2年生が主体だ。世界における日本の現在地を知る重要な大会がなくなったのは、とても残念である。

だからといって、強化をしないわけにはいかない。次世代の日本代表を担う面々を鍛える環境を整えようと、技術委員会で再確認したところだ。

私のような旧世代にとって、インターハイと呼ばれる夏の高校総体と正月の全国高校選手権は、非常に大きな意味を持つ大会だった。県選抜で戦う秋の国民体育大会を含めた「三冠」

を目ざして、365日サッカーに明け暮れた。

Jリーグが1993年にスタートし、Jクラブのアカデミーが強化されるにつれ、クラブユースの大会も充実していった。それぞれ別のレールの上を走っていた高校の部活とJクラブのアカデミー、それに三菱養和のような街クラブを相互乗り入れさせ、同じレールの上を走らせたら、きっと強化に役立つということで「U―18プレミアリーグ」とその下のカテゴリーとして「U―18プリンスリーグ」が、11年からスタートした。21年でちょうど10年目を迎えたわけである。

ユース年代の頂点を決めるプレミアリーグは、10チームずつ東と西に分かれてリーグ戦でしのぎを削り、東西のチャンピオンが最後に日本一をかけて争う。ここから多くの日本代表が誕生した。アビスパ福岡U―18出身の冨安健洋や、ガンバ大阪ユース出身の堂安律らだ。今や高校選手権に並ぶステータスの大会になり、ユース年代のレベルアップに大いに貢献している。

そのプレミアリーグを、22年4月から東12、西12と2チームずつ増やすことにした。2つ増やしても、レベルが落ちる心配はまったくない。むしろ、よりレベルの高い試合が増えると見込んでいる。

ユース年代の日程は無理があり過ぎる

並行してユース年代のカレンダーに手を加えることを考えている。議論の出発点は夏のインターハイだ。夏の昼間に連戦を強いる日程を変えたいのである。熱中症対策として飲水タイムやクーリングブレイクを設けているが、たっぷり水分を補給し、身体を氷で冷やすような時間を取らなければならないほどの環境で、試合をさせること自体が問題だ。

インターハイは色々な競技が集まる高校生の五輪のような大会だ。本家の五輪サッカー競技は、開催都市以外でも試合が組まれている。それならばインターハイも、涼しい場所でやれないものだろうか。プレミアリーグやプリンスリーグも同じ。炎天下でパフォーマンスが上がらない試合をするより、夏場ならせめてナイター施設が整った場所で試合をしてもらいたいと思うのだ。

年間を通しての日程の再編も、視野に入れている。7月の終わり頃から8月初旬にかけて、完全にブレイクを入れるのである。プロ選手にオフがあるように、ユースの選手にもサッカーから離れる期間があっていいはずだ。高校生は1年を通してサッカー漬けになるのが当たり前という風潮に、なんとかくさびを打ち込みたい。世の中が「働き方改革」の名の下に、メリハリをつけながら生産性の高い働き方をしようとしていることを思うと、ユース年代のプレー環境はあまりにも無理があり過ぎると感じる。レベルの高い試合を年間を通してやり続けるのに、メリハリをつけることが大事なのは言うまでもない。

サッカーに不向きな夏場に休むのは、誰がどう考えても理に適っている。夏休みに親と休暇を取ったことがないとか、部活の顧問の先生は家庭を顧みなくてもしかたがないとかいうのは、どう考えても健全でない。学校の先生にだって、ごく普通の日常があるべきだ。

コロナ禍で部活動が停止になり、朝練をしなくなったら、選手の身体がどんどん大きくなったという事例を聞いた。連日の早朝練習が選手を寝不足にして、肝心の身体の成長を阻んでいたわけである。シーズン中に、特にサッカーに不向きな夏場にしっかりオフの期間を設けることは、選手とその家族にとっても、家庭を持つ顧問の先生（監督）にとってもその家族にとっても、ウィンウィン。それで競技レベルが上がれば「三方良し」だ。

オフの期間を設けたら、高校選手権の予選などにしわ寄せが及ぶ。日程的な詰まりをどう解消するかは問題で、一案として〝スキップ〟がある。

たとえば、プレミアリーグに参加し、高校選手権でも常に日本一を争う青森山田は、各種大会の県予選1回戦から出る必要が本当にあるのか。10対0で勝つ試合をして、それが競技力を高めることにつながるのか。それよりも、青森山田のようなチームは県予選の準決勝くらいから出られるようにして、それまでは自分たちと同レベルの相手が多いプレミアリーグなどでインテンシティ（強度）の高い試合を重ねたほうが良いのではないだろうか。

プレミアリーグの出場校だけ、なぜ特別扱いするのか。一発勝負の高校選手権からジャイアントキリングの楽しさを奪うのか。そうした反対意見はあるだろうし、それぞれ一理ある。しかし私は、県予選の1回戦で青森山田に0対10で負けて終わりではなく、そういうチームも同じレベルの相手と繰り返し戦える環境を作るほうがプラスになると考える。

どうやってスキップするチームを選ぶのか？ 何が基準なのだ？ そう問われたら、JFAが一律に決めることではないと答える。各県にはそれぞれ技術委員長やユースダイレクターがいる。年度の初めには各県でプレミアリーグ、プリンスリーグに出場するチームが分かるのだから、そのチームをインターハイや高校選手権の県予選でどう扱うかについて、各県協会と高体連が自主裁量で決めればいい。

ユース年代全体の日程を見直し、サッカーに不向きな夏場にオフを設け、夏休みに行なわれるインターハイは選手の身体に負担をかけ過ぎない場所でやる。そしてサッカーライクな季節に、徹底的にインテンシティの高いゲームをしてもらう。それは間違いなくユース年代のスキルや全体のレベルを上げることにつながると信じる。

それぞれの年代にふさわしいプレー環境を

国際サッカー連盟（ＦＩＦＡ）ランキング1位のベルギーは、18年のワールドカップ開催時、選手の平均年齢が27・1歳だった。28・2歳の日本より若かった。さらにさかのぼると、彼らのプロデビューは17・9歳で、日本の19・1歳と1歳強の差があった。ベルギーでは日本の高校在学中にプロデビューするのが普通なわけである。

欧州に位置する彼らは、日本よりはるかに恵まれた環境にある。大人のチャンピオンズリーグをそのままスケールダウンしたユース年代のチャンピオンズリーグがあり、ユース年代から欧州域内で切磋琢磨している。昨年そのユースリーグで日本人ＧＫの小久保玲央ブライアンが、ベンフィカの一員として決勝でレアル・マドリードと対戦したのは記憶に新しい。

島国でアジアの東端に位置する日本に、同じことはできない。国内でレベルを上げていくしかない。それは強度の高い試合をどれだけ日常にできるかにかかっている。その日常の強度の差が、そのままプロデビューの年齢差に表われていると認識している。

私が高校生だった当時と違って、国体はＵ―16の大会に特化している。なぜ、そうしたかというと、中学から高校に進学したばかりの1年生がボール拾いばかりさせられて、伸びる機会を逸していたからだ。

国体をU—16とすることで、各県の中学3年生と高校1年生の強化は確実に進んだ。国体とプレミア／プリンスリーグの両方を経験した選手に南野拓実や柴崎岳がいる。南野のプロデビューは17歳、柴崎は18歳。国体改革はプレミア／プリンスリーグ、アンダーエイジの日本代表、さらには日本代表の強化にもつながっているわけである。自然発生的に選手が出てくるのを、指をくわえて待っているわけにはいかない。その年代にふさわしいゲーム環境を作り、選手をピックアップしていける状況にしていかないといけない。

日本代表は30年までにワールドカップでベスト4になることを目標に掲げる。今回述べたようなユース年代の諸改革が実現できたら、そこに届く芽になると真剣に思っている。

２０２１年11月　コロナ禍でいかに国際経験を積ませるか

本来なら２０２１年に、ＦＩＦＡ主催の二つのアンダーカテゴリーの大会が開かれるはずだった。一つは5月から6月にかけてインドネシアで予定されていたU—20ワールドカップ、もう一つは10月にペルーで開催されるはずだったU—17ワールドカップである。どちらも、新型コロナウイルス感染拡大の影響で中止となった。

年齢制限のある大会なので、21年に出場資格のあった選手のほとんどは、翌年になると資格を失う。出られたはずの世界大会を経験することなく〝卒業〟する。世界的な規模で等しく起きている問題とはいえ、若き代表が貴重な国際経験を積むチャンスを失うのは大きな痛手である。

とはいえ、五輪代表や日本代表につながる選手強化の歩みを、止めるわけにはいかない。欧州各国はコロナ禍でも強化プランを粛々と進めていて、我々もフランスやスペインの国際大会から参加の打診を受けた。行きたい気持ちは山々だったが、現状では新型コロナウイルスのワクチンの接種を済ませても、帰国後に10日間の自主待機を求められる。学業もおろそかにできないアンダーカテゴリーの選手には影響が大きく、お断りするしかなかった。

日本では五輪が日本代表の登竜門として注目度が高い。U―21欧州選手権を五輪予選と見なす欧州と考え方は違うものの、我々はこれまでどおりのやり方を踏襲していく。パリ五輪でしっかり成果が出るように、そこに向けての強化体制を明確にしなければならない。

そのスタートが10月、福島県Jヴィレッジで開催されたU―23アジアカップ予選だった。暫定的な意味合いではあったが、U―20日本代表の冨樫剛一コーチにU―22日本代表の指揮を託し、チームは22年6月にウズベキスタンで開かれる本大会の出場権をきっちり獲得してくれた。

そのU―23アジアカップへ向けて、アジアの強国は先を見越して〝若い〟チームを送り込んでくるケースが多い。韓国はJリーグでも活躍した元代表FW黄善洪（ファン・ソンホン）がパリ五輪を目ざすチームの監督に指名され、本大会出場を決めている。日本も来年からU—17ワールドカップ、U—20ワールドカップ、そしてパリ五輪を目ざす各代表が本格的に活動できるように、JFAの技術委員会で監督以下スタッフを正式に定めたいと思っている。

国際交流に制限はあるが、国内での活動は地道に続けている。堂安や冨安は、13歳や14歳からJFAに選抜され、各年代の代表で日の丸をつけて戦い、日本代表まで駆け上がっていった。今年も中1、中2の発掘育成プロジェクトを実施したばかりだ。

中心になって活動しているのは、各地域のJFAコーチ。発掘プロジェクトの狙いは、見どころのある選手を一堂に集めて刺激を与えることにある。早くから国際経験を積めば、上には上がいることを知り、ドメスティックな思考はおのずと消えていく。それは彼らを指導するコーチにも言える。せっかくの原石がいても、それを磨く側がドメスティックな思考の持ち主では困る。そういう意味で発掘プロジェクトは、そこに集う全員をブラッシュアップするものと言えるだろう。

アンダーカテゴリーでの世界一を本気で目ざす

選手発掘では、Ｊリーグの大宮アルディージャで強化に携わっていた西脇徹也が、21年8月からＪＦＡコーチとして全国各地を行脚してくれている。狭い国土の日本と言われるけれど、いざ選手を発掘しようとすると、各都道府県、各地域のＪＦＡコーチの声を吸い上げていても、ピックアップしきれないタレントがいるものだ。そんな取りこぼしがないように、西脇コーチはあちこち見て回っている。

ＪＦＡアカデミー福島がＪヴィレッジに徐々に戻っていることもあって、そのスカウトも兼ねている。地味な活動かもしれないが、3年後、5年後にその中から日の丸をつける選手が現れるかもしれない。

現在の代表でも、堂安や冨安のような「日の丸街道」をひた走ってきた選手もいれば、鎌田大地のようにアンダーカテゴリーの代表に選ばれていない選手もいる。選手の伸長は、それぐらい読み難いものなのだ。

ＪＦＡの影山雅永ユース育成ダイレクターともよく話すのは、ＪＦＡが目標に掲げる50年までのワールドカップ優勝を達成するには、その前にアンダーカテゴリーのワールドカップ優勝を本気で目ざし、実現させる必要があるということだ。17年のU―17ワールドカップでは、ラウンド16でイングランドにPK戦で敗れた。勝ったイングランドは、そのまま初優勝を遂げた。決して達成できないターゲットではない。それは日本代表の30年までのワールドカップベスト4入りにつながっていく話だ。

そのためには、国内外を問わずに地味なことも大きなことも、とにかく中身を精査してやっていく。一例をあげれば、2重国籍の子どもたちのスカウト網も張り巡らしていこうと考えている。スペイン、ドイツ、イングランドのクラブの下部組織にそうした人材がいると、JFAの欧州拠点から聞いている。

アンダーカテゴリーのアジア予選も、これからますます厳しくなっていく。中東勢が力を入れてきており、東南アジアも伸びている。そういう相手に打ち勝つように、人員と環境を整えていく。コロナ禍というハードな時期だからこそ、コロナ禍が収束に向かい、海外遠征が緩和された瞬間に動き出せるように、下地をぬかりなくプランニングしていきたい。大きな目標にたどり着くには、地味な変革、小さなことの積み重ねが大事だと思っている。

2022年1月　組閣と新たなポストの創設

日本代表のU―21、U―19、U―16いう三つのカテゴリーの「組閣」が、先ごろ完了した。

また、2022年から代表チームを横断して活動する新たなポストを設けた。

24年のパリ五輪を目ざすU—21日本代表の指揮官は、21年末のJFA理事会で大岩剛監督の選任を承認していただいた。年が明けて22年1月13日の技術委員会で、大岩体制を支えるコーチングスタッフも定まった。羽田憲司コーチ、浜野征哉GKコーチ、矢野由治フィジカルコーチという面々である。

大岩監督にお願いしたのは、色々な条件を検討するなかで今は日本人指導者に託すのが最適と判断したからである。外国人指導者の招へいも考えなかったわけではないが、新型コロナウイルス対策として厳しい入国制限が敷かれており、外国から新たな指導者を招き入れるのはハードルがかなり高い。

ただし、一番の決め手は大岩監督の力量を買ってのことだ。我々が目ざすところの「ジャパンズ・ウェイ」を強く発信するには、日本（及び日本人選手）のストロングポイントもウイークポイントもしっかり把握している人物が望ましい。

大岩監督はJリーグの鹿島アントラーズで、石井正忠監督の下でコーチとして若手を指導し、後にトップチームを率いてAFCチャンピオンズリーグの頂点も極めた。移動を伴うアジアの戦いの厳しさも熟知している。サッカーに対する真摯な姿勢、チーム内での立ち居振る舞い、指導の厳格さ、勝負に懸ける意志の強さも申し分ない。

ＪＦＡの仕事で指導者養成事業に携わり、情報を収集していくために必要な指導者同士のネットワークもある。21年にＵ―18日本代表が何回か活動をした時に、暫定的に監督の仕事をしてもらったのだが、そこでの評価も非常に高かった。

東京五輪へ向けては、日本代表の森保一監督が横内昭展コーチの協力を得ながら、五輪代表の監督も兼ねる「１チーム２カテゴリー」を採用した。今回はパリ五輪を目ざすチームと日本代表を完全に分けた。理由は簡単で、パリ五輪はホスト国として予選免除の特権がなく、アジア予選を兼ねたＵ―23アジアカップの戦いを予選から本大会まで一つひとつクリアしていかなければならないからだ。

強化のベースとなるインターナショナル・ウィンドウ（ＩＷ）では、日本代表とＵ―21日本代表の活動が日程的に重なることも多い。Ｕ―21日本代表の船出に予定する22年３月下旬の海外遠征にしても、日本代表は同時期にオーストラリア、ベトナムとワールドカップ・カタール大会アジア最終予選を戦う。Ｕ―21日本代表がウズベキスタンでＵ―23アジアカップ予選を戦う５月から６月のＩＷも同じことだ。

23年にインドネシアで行なわれるＵ―20ワールドカップを目ざすＵ―19日本代表は、冨樫監督の就任がすでに発表されていたが、スタッフも船越優蔵コーチ、川口能活ＧＫコーチ、菅野淳フィジカルコーチに決まった。

U―19日本代表は、22年9月にU―20アジアカップ予選が始まる。23年初めにはU―20アジアカップ決勝大会があり、6月にはU―20ワールドカップが予定されている。

この年代では、外国に居住する日本国籍を有した二重国籍の選手も選考対象となってくる。どの国でどんな選手が活動しているかをJFA欧州拠点のスタッフに調べてもらい、プレー映像と合わせて冨樫監督に手渡してある。外国なら二重国籍を持った選手の奪い合いは日常茶飯事。日本もそんな戦いの中へ入っていく時代になった。

U―16日本代表は、23年10月にペルーで開催されるU―17ワールドカップ出場を目ざす。このカテゴリーの戦いで豊富な経験を持つ森山佳郎監督を廣山望コーチ、高橋範夫GKコーチ、村岡誠フィジカルコーチらが支える。9月から10月にかけて行なわれるU―17アジアカップ予選が最初の関門になる。

U―20とU―17のワールドカップについては、真剣に優勝を狙っている。そのための準備を怠りなく、日数をかけてやっていくつもりでいる。

セットプレーコーチを初めて採用

U―19日本代表やU―16日本代表では、ロールモデルコーチとして内田篤人、中村憲剛に引き続き活動してもらうのと同時に、22年限りで現役引退を表明した阿部勇樹にも依頼をして、手伝ってもらえる様に調整している。また、U－21、U－19、U－16以外のアンダーカテゴリーも、それぞれ年間4回ほどの活動期間を設けて刺激を与えていく。

U－18日本代表なら8月のSBSカップ、U－17日本代表なら9月の国際ユースサッカーなど、国内で大会に参加する予定だ。この頃にはコロナ禍が沈静化し、海外から代表チームを呼べるようになっていることを切に願う。この年代については、コロナ禍でも昨年から歩みを止めずにやってきた。22年は徐々にその速度を早めていこうと思う。

©JFA
中村憲剛をはじめ、元日本代表選手のプレーを身近に見られることは、若い選手達にはかけがえのない経験になるはずだ。（後ろは、U-17日本代表の森山佳郎監督）

アンダーカテゴリーの強化には、飛び級の問題が常につきまとう。これについては各カテゴリーの監督と、建設的な話し合いができている。

たとえば、久保建英のようにパリ五輪代表にも日本代表にも選ばれる可能性のある選手は、基本的に上のカテゴリーの代表活動が優先される。しかし、大原則となるのはその選手の成長だ。日本代表ではベンチ外や出場しても短時間で終わる可能性が高いが、アンダーカテゴリーの大会では主力としてフル出場が見込まれ、戦う相手のグレードも高いといったケースでは、下のカテゴリーの大会を優先させることもあり得る。そこはもう監督同士で腹を割って話し合い、我々も議論に加わってコンセンサスを取れるようにしていく。

各カテゴリーの代表スタッフを決めるのと並行して、22年から技術委員会テクニカルハウスに新しいポストを設けた。昨年まで栃木ＳＣでヘッドコーチを務めていた菅原大介を、初の「セットプレーコーチ」として採用したのである。

セットプレー対策はこれまで分析担当が仕事の一部として受け持ってきたが、処理すべきデータがあまりに膨大となり、専門職が必要ということで今回の決断に至った。

菅原は私が北京五輪代表監督当時のテクニカルスタッフの一人で、能力は熟知している。彼は代表と名のつくチームすべての、セットプレーに関わることになる。オーストラリアやメキシコは、すでに同種のコーチを採用していると聞いている。

サッカーの得点のほぼ30パーセントは、セットプレーから生まれている。セットプレーからの得点を増やすと同時に失点を減らすことは、勝利に直結する。得失点の割合からすると、10日間の練習があったら3日間はセットプレーのセッションに割いてもいいくらいである。

しかし短期間に集合と解散を繰り返す代表チームの場合、その練習時間の確保が難しい。攻守両面でセットプレーの肝を、短期間でいかに効率良くチームに落とし込めるか。その重責を担うのが菅原コーチである。

映像などのデータを収集して、対戦相手のセットプレーを丸裸にする。分析の対象は自チームにも及ぶ。相手の弱点を徹底して突く一方で、こちらの死角は可能な限り消していく。分析に基づいて立てた具体策は、映像化して素早く選手の頭にインプットできるようにする。基本的にはデスクワークが中心だ。

21年の欧州選手権のリポートに目を通すと、ゴールキックからの攻撃と守備がトピックとして割かれていた。ゴールキックからの守備についてなら、マンマークで相手に張りついて時間も空間も与えず、いかに高い位置でボールを奪うか。相手がどれだけハイプレスをかけてきても、スペインは絶対にロングキックで逃げない。相手のハイプレスを剥がす力があり、パスをつないで一点突破すれば一気にハーフウェイラインを越えられるからだ。

セットプレーといってもCK、FKだけでなく、ゴールキックもスローインもある。対象は広く、奥は深い。リバプールはスローインだけで12種類のオプションがあるという。ルールの変更に伴い、今後も日進月歩で研究が進む分野だろう。

セットプレーをオプションとしてどう使うのかは、監督次第のところもある。セットプレーの練習をするくらいなら、オープンプレーの練習をしたほうがいい、という考えの監督もいるだろう。そういうことも理解した上で、絶対に必要な「素地」になるものを菅原コーチには作ってもらう。

ケガをした選手を1秒でも早く戦列へ戻すために

21年9月開幕のワールドカップ・カタール大会アジア最終予選から、フィジオセラピスト（PT）と呼ばれる理学療法士も代表につけることになった。PTはケガをして戦列から離れた選手が治療を受けた後、日常生活を送れる状態から実際に試合で戦える身体に戻るまでの橋渡しをする。重要な役割だ。そもそも代表チームはケガ人を招集しないから、本来は必要のない存在なのだが、大きな大会になると筋肉系のトラブルで大会序盤に戦力になれなかった選手が、懸命なケアの甲斐もあって準決勝や決勝に間に合った、というようなケースがある。そういう調整・回復のプロセスにPTは大きな役割を果たす。

新しく採用したPTの中條智志は、21年シーズンまで川崎フロンターレで働いていた。昨年いっぱいで川崎Fを辞めたと聞いて、川崎Fの了解を得て代表に招いた。彼はアスレチックトレーナーに加えて鍼灸（しんきゅう）の資格も持っているから、PTとして出番がない時はトレーナーとして働くこともできる。これまで日本代表は前田弘チーフアスレチックトレーナー、菊島良介トレーナーとサポート2人の4人体制で選手の身体をケアしてきた。それを5人体制で回せるようにした。選手の要望を聞いてのことでもある。

マッサージなどの身体のケアは夕食後に行なうのが通常だが、25、26人の選手に4人で対応すると、混み具合を見て「僕はいいです」と遠慮する選手も出てくる。トレーナーを増やせば待ち時間が減り、選手は早く就寝できるようになる。

セットプレーコーチの新設もPTの採用も、昨年来の反省を踏まえた面がある。現場にすごく必要なので、コロナ禍で予算的に厳しい時に無理を言って実現してもらった。

ケガをした選手を1日でも、いや1秒でも早く戦列に戻すことができるかどうかで、チームの命運が決まることがある。セットプレーコーチもPTも、地味だが必要な仕事。必ずや代表チームの手助けになると確信している。

2022年9月　失った強化の機会を取り戻す

日本代表がヨーロッパでテストマッチを行った22年9月には、24年のパリ五輪を目ざすU—21日本代表もスイス、イタリアと強化試合を行なった。スイスには1対2で敗れ、イタリアとは1対1で引き分けた。

20年以降のコロナ禍で失った強化の機会を取り返すべく、U―21日本代表は積極的に国際経験を積む時期だと認識している。今回はJクラブの協力を得て、欧州遠征を実現することができた。

東京からアラブ首長国連邦・ドバイ経由でスペイン・マドリードに入り、そこから電車とバスを乗り継いでスイスがキャンプを張るスペイン南部のマルベージャへ乗り込んだ。試合後には飛行機でローマへ飛び、イタリアと戦った。

スイスやイタリアとの対戦ではインテンシティがキーワードになり、アジア勢相手のように主導権を簡単に握れない。相手が繰り出す強度の高さに必然的に付き合わされ、自分たちのリズムで試合ができなくなる。欧州での2試合はたくさんの課題が見つかり、日常の改善に目が向くという波及効果もあったと思っている。

コロナ禍で国際交流が途絶えたり減少したりしたことによる〝後遺症〟は、想像以上にあるのかもしれない。率直に言って、スイス、イタリア戦では世界との差の開きを感じた。

とりわけ顕著なのが、守備のアプローチ。スイスとイタリアは、GKから始まる相手のビルドアップに対して前からボールを奪いにかかる。言わば前線の選手が守備網全体を引っ張る「プル型」の守備で共通していた。一方の日本は、うかつに前からいくよりも守備の陣形を整えることを優先させ、整然とスリーラインの隊列を組んでから前に押し出す「プッシュ型」の守備がもっぱらだった。

プル型の守備を仕掛けるスイス、イタリアは人に強く、連動する意識も旺盛。スプリントの回数は多く、高強度のランを惜しまず繰り出した。コロナ禍で交代選手が3人から5人に増えたこともあり、出力を抑えて90分間持たせるのではなく、交代のカードを積極的に切ってチームとしてインテンシティの高さを保つことに傾注する。そういう相手に対して、ワンタッチをうまく使って相手のプレスを剥がせるシーンもあったが、ファイナルサードでの精度が高くないので「決め」のところで引っかかることが多かった。それでシュートやゴールへ至らないということが、課題として浮き彫りになった。

スイス戦では交代で入った選手の息が上がる、ということもあった。日本の常識では試合終盤なら全体のペースが落ち、交代出場の選手はブースターの役目を果たせるものだ。ところが、そんな時間帯になってもスイスのインテンシティは序盤と同じで、その急流にうまく乗ることができず、呼吸が「はあ、はあ」と乱れてしまったわけである。

高いインテンシティの応酬が90分間続くゲームが日常的なら、そういう問題は起きないのかもしれない。しかし、日本国内にそういう環境は乏しい。それゆえに「このままではまずい」と思う選手ほど、欧州への移籍を考えるのだろう。すでにパリ五輪世代にはGKの小久保や田中聡、斉藤光毅など欧州組が何人かいる。

我々のような代表の強化担当者にとって、五輪世代に海外組が増えるのは痛しかゆしだ。五輪予選はIWの対象外で、所属クラブに選手をリリースする義務はない。五輪に対する考え方の違いから、欧州のクラブは選手を快く送り出してくれないこともある。五輪世代に海外組が増えるほど、所属クラブに理解を求める折衝をかなり丁寧にやらなければならない。

いずれにしても、今回の2試合でチームにいいインプットができたと思う。21年の東京五輪でベスト4まで進み、世界の背中に手が触れられるところまで来たつもりになっていたが、その距離が開いた気がした。スイスに右の頬を、イタリアに左の頬を連続で叩かれたような。それで落ち込んでいるわけではない。早い段階で目を覚ますことができたのを奇貨として、自分たちでパリ五輪の金メダルを目標に、いいアウトプットをするだけだ。U―21日本代表には、11月も海外へ武者修行に行ってもらうつもりでいる。

アジアの「西」や「中央」への注視を怠らずに

U―19日本代表はラオスで開催されたU―20アジアカップの予選に参加。ラオス（4対0）、グアム（9対0）、パレスチナ（8対0）、イエメン（1対0）に全勝し、23年3月の本大会への出場を決めた。

スコアだけを見れば、楽勝の1位突破に見えるかもしれない。だが、イエメン戦は本当にギリギリの戦いだった。相手はオールコートのマンマーク・ディフェンスを採用してきた。自分たちのオリジナルな戦い方を捨て、特別なことを徹底しないと勝てないと、日本を明確にリスペクトしてチャレンジしてきたのである。

日本はゾーンで守る相手なら隙間を見つけ、いいところに立ってパスをつないで持ち味を発揮できる。しかし、マンマークを徹底してきたイエメン相手には、その武器をうまく使えなかった。日本の唯一の得点は、CKからのオウンゴールによるものだった。

日本を追い詰めたイエメンからは、中東のセカンドグループのレベルアップがひしひしと伝わってきた。トップ集団のカタールはワールドカップ開催を追い風に、さらなる強化を進めている。サウジアラビアは日本が3位に終わった22年6月のU―23アジアカップを制した。自分たちが持つ地の利を生かし、中東勢は欧州遠征を積極的に繰り返して強化に役立てているという。そういう切磋琢磨が中東全体のレベルアップにつながっている。ウズベキスタンもアンダーエイジから、我々の脅威であり続けている。アジアの〝中央〟や〝西〟への注視を、怠ってはならないと痛感している。

23年3月の U―20アジアカップは、同年5月にインドネシアで開催されるU―20ワールドカップの最終予選を兼ねている。イエメンに苦戦したU―19日本代表の選手たちには少しでも多くの国際経験を積ませ、いい形で来年の戦いに臨ませたい。

⚽2023年2月　ワールドカップ・カタール大会を受けて～パスウェイ

パスウェイと呼ばれる子どもからトップ選手になるまでの道筋を考えるとき、日本には外国と大きく異なる特色がある。

大学出身の選手が多いこともその一つだ。22年に開催されたワールドカップ・カタール大会を例にとれば、ケガで大会直前に最終メンバーから外れた中山雄太を含めて、27人中9人が大学を経由してプロ選手になった。これほど大学を経てプロになる選手が多い国は、世界でも日本くらいだろう。

もう一つの特色は、代表選手のユース年代の育成ルートが高体連の部活、Jクラブのアカデミー、そして街クラブと複線化していることである。カタール大会のメンバーの場合、高体連組は13人。Jクラブのアカデミー出身者が13人で、残る1人は街クラブ（三菱養和サッカークラブユース）で育った相馬勇紀だ。

これらのパスウェイから、見えてくることがある。日本の代表選手の大半は一番身近な地元の少年団やスクールなどでサッカーを始め、ジュニアユースやユース年代からJクラブのアカデミーやサッカー強豪校の一員になる。そこから簡単にはプロの世界に上がれず（または自分の意思で上がらず）、回り道をするケースがあるということだ。U―12から川崎Ｆの一員となり、そのままトップチームまで上り詰めた板倉滉や田中碧は少数派と言える。

これがイングランドになると、全員がクラブ育ちで大卒の選手は一人もいない。そもそも彼らにとっては中学や高校にサッカー部があること自体、理解の外だろう。だからこそ、三笘薫のように川崎Ｆのユースチームから大学へ進んでドリブルに関する卒業論文を書き、それからプロになって代表選手になり、プレミアリーグで活躍するということが、アンビリーバブルなこととして報じられるわけである。

大学経由で頭角を現す選手がいることは、日本では不思議でも何でもない。必然的に大学サッカーとの連携が重要になるので、ＪＦＡも技術委員会に大平正軌・流通経済大学准教授をメンバーとして迎え入れている。その国のサッカーを司るＦＡの技術委員会に大学サッカー部関係者がいるのは、ひょっとすると日本くらいかもしれない。

大学サッカーの競技レベルが世界的に見ても高いことは、17年と19年のユニバーシアード大会を連覇したことでも分かる。残念ながら19年大会を最後に、同大会からサッカーは除外されてしまった。大学生にタレントが多い日本の現状を思うと、優秀な学生をピックアップして世界大会に臨む機会がなくなったことは、本当に大きな損失と言うしかない。

日本国内では味わえない強度の中で、大学生に試合をしてもらうにはどうしたらいいか。かつてはトゥーロン国際トーナメントと言われたフランスのモーリス・レベロ・トーナメントやアジア競技大会など、対象年代が参加できる国際大会がいくつかある。大学側は代表活動に協力的で、JFA・Jリーグ特別指定選手制度を使ってJリーグに出ている優秀な選手もいるので、レベル的には問題ない。

長友佑都が示す選手発掘の重要性

大学サッカーのレベルの高さを喜びつつ、私には忸怩たる思いもある。その理由を、長友佑都を例に語ってみたい。

1986年9月生まれの長友は、愛媛県の神拝サッカースクールで競技人生をスタート。西条北中学、東福岡高を経て明治大学へ進み、在学中にJFA・Jリーグ特別指定選手としてFC東京でプレーするようになった。サッカー関係者の注目を集めるようになったのはそこからだ。

当時の私は08年の北京五輪を目ざすチームを率いていて、07年6月のアジア2次予選、対マレーシア戦で長友を初めて起用した。最終予選進出を決めた後の消化試合だったのだが、彼はいきなり先制点を挙げてくれた。この頃はまだ〝お試し期間〟に過ぎず、同年8月から11月にかけて行なわれたアジア最終予選でメンバーに入れるのは時期尚早と感じていた。

長友が急激に伸びたのは、北京五輪出場を決めた後だった。戦力化する必要を認めた私は08年2月の米国合宿でのグアテマラとの2つの強化試合、そして3月に東京で行なったアンゴラとの強化試合で、立て続けに長友を先発で起用した。5月にはフランスでの国際大会に連れていこうとしたが、期間が重なった日本代表の活動を優先することになった。長友は5月のコートジボワール戦で代表デビューを飾り、ワールドカップ・南アフリカ大会アジア予選を戦うメンバーに組み込まれていく。

ところで、大きな国際大会を経験することなく北京五輪に出場した長友は、現在の彼とは別人だった。本当に〝若葉マーク〟という感じで、初戦の米国戦は過緊張のあまりミスを連発した。私はベンチの安田理大にすぐにウォーミングアップを命じた。

ピッチの選手は、控え組の動きを敏感にキャッチする。アップを始めた選手を見て、誰が交代させられるかの見当もつく。それをキャッチして、「監督は俺を代える気なのか」と発奮してエンジンをかける選手もいる。この時の長友は、ベンチの動きにまったく気づいていなかったそうだ。恐ろしく視野が狭くなっていたのである。後に彼から「五輪がこんなに注目される大会とは思っていなかった」と聞かされたが、代表で戦うことの「重さ」に気づいていなかったのである。

北京五輪が終わった後、私はＪＦＡにリポートを提出した。その中で「長友のように五輪が世界大会デビューというのは決して好ましくなく、やはりそこに至るまでに何度かは『世界』を経験していく必要がある」と書いた。なぜ、それまでの国際大会に一度もピックアップされなかったのか？　05年にオランダで開かれたU－20ワールドカップに招集されていたら、精神的にも安定し、もっと良いパフォーマンスができただろう。チームに好影響をもたらしてくれただろう。選手の成長曲線は人それぞれだが、選手発掘の重要性を大いに認識させられた。

北京五輪の悔しさをバネに日本代表の常連となった長友は、10年のワールドカップ・南アフリカ大会でベスト16進出に貢献。ワールドカップを踏み台にイタリアのチェゼーナへ移籍し、名門インテル・ミラノでプレーする見事なキャリアを築いてくれた。彼がＪＦＡの動画などで「反町さんが僕を見つけてくれた」と言っているのを聞くと、嬉しいと同時につらくなるところがある。「それまで、君という存在に気づけずに本当に申し訳なかった」と謝りたくなるからだ。

「原石」はどこかに眠っている

同じような気持ちを、私は三笘にも感じてしまう。彼はカタールで衝撃のワールドカップ・デビューを飾ったが、18年のロシア大会でデビューできていたら、あるいはさらにさかのぼってアンダーエイジのワールドカップから国際経験を積んでいたら、カタール大会ではもっと計算できる選手になっていたのではないか。もっと輝いたのではないか。そういう反省の念が、どうしても募ってしまうのである。

複線化した育成のレールのどこからでもプロになり、代表選手になるチャンスがあるのは、日本の育成の強みである。言い換えれば、前途有望なタレントがどこに潜んでいるのか、情報のアンテナを常に張り巡らせておく必要がある。選手発掘に漏れがあってはいけない。その一環として、ＪＦＡは街クラブと中体連のＵ—15、Ｕ—14を対象に全国９地域から選手を推薦してもらい、ＪＦＡタウンクラブ・中体連キャンプを実施してきた。そこに一番興味を持って見学に来るのは、実はＪクラブのアカデミー関係者だったりする。彼らもタレントを見落とすまいと必死なのだ。

埋もれそうな才能が、ぎりぎりのところですくい上げられることはある。セルティックで活躍中の前田大然もそうだ。高校時代の彼を知った上で現在の姿を想像できた方が、どれほどいるだろうか。彼のプロ入りに手を貸した私でさえ、信じられない思いだった。

前田は山梨学院大学附属高3年時、大学へ進むかサッカーで身を立てることを諦めるか、大きな岐路に立たされた。松本山雅の監督だった私に、同校の吉永一明監督から「面白い選手がいる。どうか見て欲しい」とお願いされ、シーズン終了間際の11月の1週間だけ練習に参加させたのである。

すると、ダイアゴナルランのスピードとタイミングが、ズバ抜けて良いことに目を奪われた。ボールがオンになるとアラが目立ったが、オフ・ザ・ボールの動きは抜群にすごい。新人選手の獲得資金を使い切った後で予算がなかったけれど、フロントに無理やり頼んで入団させた。そんな前田がJリーグで得点王になり、ワールドカップで日本代表のFWの軸になり、今やセルティックを跳躍台にプレミアリーグへ行くかもとまで言われているのだから、選手の能力開発は本当に予測不可能なところがある。

松本山雅の入団会見では、「東京五輪に出たいです」と夢を語った。その場にいたほとんどの人は、学ランを着た丸刈りの少年の話を聞きながら、「変わった子だな」くらいにしか思わなかっただろう。その時のことが脳裏に焼き付いているので、彼がワールドカップ・カタール大会のクロアチア戦でゴールを決めたときは本当に嬉しかった。そして今も彼のような原石がどこかに眠っているのだろうと、しみじみ思うのである。

パスウェイの複線化に応じた選手発掘を考えていく

変化に富んだパスウェイという意味では、遠藤航もサンプルになるかもしれない。彼のJリーグデビューは、私が湘南ベルマーレの監督をしていた10年のことである。その年の湘南は11年ぶりにJ1で戦うことになり、就任2年目の私は9月18日の川崎F戦で17歳の遠藤を起用した。12月4日のアルビレックス新潟とのリーグ最終戦では、ヘディングでプロ初ゴールを決めた。J1通算6試合目のことだった。私としては無理やり起用したつもりはなく、練習で実力を示す彼を見て「やれる」と感じて送り出したのだった。

前田や遠藤の成長に触れるたびに、アンテナを張ること、機会を与えること、レベルが違うと思えばレベルに合ったステージへ送り出すことは、指導者としての務めだと思うのである。逸材は街クラブにいるかもしれない。大都市も地方都市も関係なしに、いるかもしれない。日本にいろんなパスウェイがあるのなら、セレクトの仕方や目の付け所も多岐に渡らなければならないだろう。

指導者には自分のチームに良いタレントがいないと嘆くのではなく、少しでも良いところを伸ばす指導をしてもらいたい。カタール大会のドイツ戦で決勝点を挙げた浅野拓磨は、スピードという群を抜いた武器がある。武器は本当に大事だ。

代表クラスの若手が次々に出てくる国といえば、今ならイングランドとフランスが挙げられよう。イングランドが若いタレントを次々と送り出せるようになった理由を強化担当に聞くと、やはり優れたタレントをピックアップする情報網をブラッシュアップさせたとのことだった。その上でU—17、U—20、フル代表と着実に大人の階段を上らせている。

アンダーカテゴリーの世界大会が万能とは言わないが、日本も鉄が熱いうちに「世界」でたたかれ、鍛えられるようにしたい。堂安や久保、冨安にしても、アンダーカテゴリーでの豊富な経験がワールドカップでの堂々としたたたずまいにつながっていると思う。国を背負って戦う代表経験と、チャンピオンズリーグなどの欧州のハイレベルな競技経験を車の両輪にしていったら、「鬼に金棒」な選手になっていくと思っている。

これからのパスウェイの変化を見通したとき、日本に現住所がない選手も選ばれる時代が遠からずやってくる。3月1日から18日までウズベキスタンで開催されるU—20アジアカップのメンバーに選ばれた髙橋センダゴルタ仁胡も、そういう一人である。

彼はまだ17歳。うまくすれば、23年5月開幕のU—20ワールドカップから28年ロサンゼルス五輪まで、中心選手になれるかもしれない。国際化を反映して海外で暮らす子弟の代表入りも、今後はどんどん増えてくるに違いない。ドイツのデュッセルドルフに構えるＪＦＡの欧州拠点は、そういうタレントを見逃さないためにもある。

ＪＦＡが考える理想のパスウェイとは、17歳でＪリーグにデビューし、10代で日本代表の初キャップを手にするような道程だ。ドイツやスペイン、フランスと日本との決定的な違いは、16歳から18歳で経験するハイレベルな試合の数である。あちらの方が圧倒的に多い。

フランスのスカウトたちの感覚は、「21歳だと遅すぎる。我々が見るのは17、18歳のタレントだ」というものだ。それくらいのスピード感で選手を次々に育て、プロの世界へ送り出さないと、2大会連続でワールドカップ決勝に進むことはできないのだろう。

日本も同じようにスピードアップしたいのだが、Ｊクラブのアカデミー所属なら17歳のＪリーグデビューはすんなりいくが、高体連所属となるとＪＦＡ・Ｊリーグ特別指定選手制度はあるものの、学校制度などのサッカー界だけでは解決できない難しい壁が立ちはだかる。簡単に事は運ばない。遅咲きの選手をピックアップできる日本の良さは大事にしつつ、速くすべきところは速くする。現状に甘んじることなく常に危機感を持ちながら、自分たちの武器は何かを常に問い直し、磨きをかけていきたいと考えている。

2023年5月　U―20ワールドカップ～この年代の強化の重要性を再認識

通算23回目となるU―20ワールドカップが、5月20日から6月11日までアルゼンチン各地で行なわれた。本来はインドネシアで開催されるはずだったが、イスラエルの入国をめぐってインドネシア国内で反対運動が起こり、事態を憂慮したＦＩＦＡがアルゼンチンに開催場所を移し替えて収拾を図ったのだった。

チームは5月11日に日本を発ち、経由地で欧州組をピックアップし、およそ30時間かけて翌12日にアルゼンチンのブエノスアイレスに到着した。旅装を解いて、同日午後からすぐに練習を始めた。

インドネシアからアルゼンチンへ開催地が変わり、インドネシア用に組んだ日程では準備に支障が出る可能性があった。日本代表なら公式戦はすべてＩＷに行なわれるから、選手を集めるのにそれほど神経を遣わなくてすむが、Ｕ―20ワールドカップはＩＷの外で行なわれるので、選手の招集にも周囲の理解が絶対的に必要になる。セネガルとのグループステージ初戦までに9日間の準備期間を確保できたのは、選手を送り出す側のクラブや大学関係者のご理解、ご協力のたまものだった。

現地到着4日目の5月15日には、アルゼンチンと練習試合が組めた。準備段階での練習場の確保も、エセイサ国際空港近くのアルゼンチンサッカー協会（ＡＦＡ）のナショナルトレーニングセンターを借りることができた。

ＡＦＡの日本に対する厚遇の背景には、長きにわたって日本と南米サッカーとの関係構築に尽力された北山朝徳さんの遺徳がある。ブエノスアイレスで会社を興された北山さんはＪＦＡの国際委員として長年活動され、２００２年のワールドカップ日韓大会の招致などにも多大な貢献をされた。残念ながら19年7月に亡くなられたが、昨年には日本サッカー殿堂入りを果たされた。私も個人的にお世話になったことがあり、大会が始まる前にブエノスアイレス近郊の北山さんのお墓参りをし、改めてご冥福をお祈りしたのだった。

北山朝徳さんの墓前にて。遠く異国の地にも、日本サッカーに貢献して下さった人がいたことを忘れてはならない。

©JFA/PR

　アルゼンチンの気候は日本と真逆になる。日本が夏なら向こうは冬。夏から冬では大違いだが、今回は日本が春から夏に向かうところで、アルゼンチンは秋から冬に向かうところ。春と秋に大きな違いはなく、むしろ日本より湿度がなくカラッとしていて試合をするのにほとんど支障はなかった。

　試合に影響があったとしたら、ピッチの状態だったかもしれない。試合を重ねる毎に凸凹になるピッチ状態に、どのチームも苦労したのは間違いない。

　チームの結果については、誰に会っても「残念でしたね」と言われるものに終わった。初戦のセネガル戦は、松木玖生のゴールで1対0の勝利を収めた。3日後のコロンビア戦は、山根陸の先制点もむなしく1対2の逆転負け。イスラエルとの第3戦も坂本一彩のゴールで先制しながら、76分、90＋2分に連続ゴールを決められてグループステージを3位で終え、ラウンド16に進むことができなかった。

特にイスラエル戦は68分に相手が退場者を出し、11対10になった後で試合を引っ繰り返された。10人で劇的な逆転勝ちを収めてグループ2位で勝ち上がったイスラエルは、最終的に3位に食い込んだ。彼らの大会中の成長に、日本が手を貸したようなものだ。日本がその場所にいても不思議ではなかったと、今も悔しさが残っている。

「階級」の違いと「接近戦」の強さ

このチームは新型コロナウイルスのパンデミックの影響を、ど真ん中で受けた世代である。渡航が厳しく制限されたために、海外で戦う機会に恵まれず、国際経験を豊富に積むことができなかった。渡航制限の緩和後はあちこちの大会に参加したが、ＦＩＦＡの公式戦は相手チームの真剣度が違った。その違いに対応する力が足りなかった感は否めない。

とりわけ感じたのは〝階級〟の差だった。サッカーは状況に応じて瞬時に判断を変えながら、技術を披露し戦術を遂行する競技。日本の選手にその能力は十分にあったものの、ボクシングにたとえると日本の選手がライト級だとしたら、グループステージで戦ったコロンビア、優勝したウルグアイは階級が4つ上のミドル級の選手で、力強さに差があった。

上位に食い込んだチームで舌を巻いたのは、中盤の選手のプレッシャーを仕掛ける強さであり、仕掛けられたプレッシャーに対する強さだった。360度全方位のプレス力とでも言うべきか。日本の選手は前へかける圧力は強くても、プレスバックの力は弱かったりする。育成の段階でつなぎのうまさを重視するあまり、相手のボールをガツガツ刈り取る選手が輩出されにくくなっているのでは、と心配になるくらいだ。

現実問題として「次世代の遠藤航は誰だ?」と自問自答すると、意外なほど名前が出てこない。強国にはそういう選手が普通にいた。フィジカルが強いだけでなく、うまくて球がさばけて、その上で2度も3度もボールを奪い切りにいける選手、ボールが自分の頭を越えたらすぐにペナルティエリア内へ走って戻る力のある選手が。

ボクシングのたとえを続けると、強国は接近戦に強い選手が多い。強烈なプレスをかけられても、自力で剥がすことができる。日本はプレスをかけられると安全第一でパスを選択するが、相手をかわし切れない時もある。それを引っ掛けられて、ショートカウンターを食らう。南米やアフリカの選手は、相当に厳しい接近戦を仕掛けられても、ぐいと持ち出して逆に剥がすことができる。その接近戦に勝つと、視野が大きく開けて攻撃の選択肢は格段に増え、ビッグチャンスを作ることができるのである。

この大会には三笘が所属するブライトンのモイセス・カイセド（エクアドル）の〝手前〟のような選手が、あちらこちらにいた。〝プチ・カイセド〟や〝プチ遠藤航〟のような選手は、どうやって育つのか。人形を立てたパス・アンド・コントロールの練習を火曜日から金曜日までやり、土曜日に試合をするという繰り返しでは、接近戦の強さ、剥がす力は養えないかもしれない。ピッチのサイズを工夫して、もっともっとコンタクトの多い状況を、育成世代でも設定するべきなのだろう。

今回のチームにはチェイス・アンリ、髙橋センダゴルタ仁胡、福井大智、福田師王と4人の海外組がいた。この世代も国内だけを視察していれば良い時代ではなくなったわけだが、一番のネックは試合の経験値が押し並べて低いこと。特にGKはそれが顕著だ。

3人のうち2人が大学生で、1人がJ2のクラブに所属する選手だった。試合勘を考慮すると、出場機会に恵まれた大学生のほうが優位になるわけである。

大会に参加した全チームのGKの出場機会を調べたら、欧州と南米以外の国々は実は日本と変わらなかった。欧州と南米のGKは、所属クラブからそのレベルにあったクラブへレンタル移籍して、そこで出場機会を増やしている。

アンダーエイジのＧＫが、毎週末の試合に出られる環境をどうやって作るのか。それはフィールドプレーヤーも同じで、かねてから検討を重ねているところだ。

ＦＣ東京のＵ－23チームが16年から19年まで、ガンバ大阪とセレッソ大阪のＵ－23チームが20年まで、Ｊ３で戦った。これがその世代の強化にかなりつながった、という意見を頂戴している。ＧＫなら谷晃生、フィールドプレーヤーなら堂安や久保が、Ｊ３で実戦経験を積んだ。刺激を受けた堂安や久保が日本代表の根幹になりつつあることを思うと、Ｊリーグと相談しながらこの年代の新たな強化策を練る必要性を感じる。

引き上げるべきスタンダードは多々あり

優勝したウルグアイは、本当にタフだった。中２日の連戦で７試合目の決勝となると、さすがに足がつる選手が出てきたが、それでも敢然とファイティングポーズを取っていた。聞いたところによれば、欧州へ遠征する際に通常の20人とか22人ではなくあえて少ない人数でチームを組み、ほぼ同じ選手たちで２試合連戦をするようなやり方も採り入れているそうだ。厳しい試合がある日常を意図的に作り、フィジカル面やメンタル面を鍛えているらしい。

そのウルグアイに決勝で敗れたイタリアは、欧州では特異なチームだった。中盤はダイヤモンド型の1―4―4―2で、10番をつけたトップ下が典型的なファンタジスタで、その選手が相手のプレスを剝がすと一気に展望が開け、2トップを生かせるサッカーをしていた。

日本のグループCを首位通過したコロンビアは、準々決勝でそのイタリアに敗れた。コロンビアが日本に比べて技術的にも戦術的にも優れていたとは思わない。ただ、フィジカルスキルが圧倒的で、日本の選手はファウルでも止められなかった。アフリカ人とも違うお尻の大きさを感じた。彼らに接近戦で負ける日本の選手を見ながら、ライト級では世界で通用しないという印象を持ったのは言うまでもない。

技術委員会におけるフィジカルフィットネスプロジェクトでは、アンダー世代の適正な身体づくりの指標としてBMI(Body Mass Index・ボディマスインデックス)値をあげている。BMI値は体重と身長から割り出される肥満度を表す体格指数として、健康診断で良く取り上げられているものである。その目標値としてGKは23・5、フィールドプレーヤーは23・0としている。今回のU―20日本代表の選手は、GK3人の平均が23・1、フィールドプレーヤーの平均が22・4だった。育成世代からしっかり栄養を摂取して、身体の内側から骨を太く丈夫にし、いい筋線維を築いていくことが大事だろう。

日本代表の最新のFIFAランキングは20位で、昨冬のワールドカップはベスト8まで紙一重だった。そういう背景から、どのカテゴリーの日本代表でもグループステージを突破する力はあると、サッカーファンのみなさんに思われている。各カテゴリーの代表の強化を担う我々も、そういう認識でチーム作りをしている。引き上げるべきスタンダードは多々あるが、こうしたところにも着目していく必要性を感じている。

⚽2023年9月〜10月　U―22日本代表〜パリ五輪予選突破へ向けて

大岩監督が率いるU―22日本代表は、23年9月から10月にかけて3つの活動を行なった。まずは9月7日から13日まで、U―23アジアカップ予選をバーレーンで戦った。9月20日から10月7日までは、中国・杭州で開催されたアジア大会に参加した。その後、米国のフェニックスへ飛んで10月14日にメキシコ、17日に米国と強化試合を行なった。

パリ五輪の男子サッカーは、2001年1月1日以降生まれの選手に出場資格があり、そこに3人のオーバーエイジ（OA）を加えることが認められている。最終着地点の五輪に年齢制限があるのなら、そのプロセスにある大会もすべて同じ基準で戦うほうが本番に向けた強化に役立つ。そういう方針に則って、我々はU―23アジアカップにU―21の選手を送り込んだり、24歳以上のOAを加えることが可能だったアジア大会にU―22の選手で戦ったりしてきた。自らをここまで厳しく縛って戦っている国は、アジアでは日本くらいかもしれない。

ＪＦＡの技術委員長としてさまざまなチームの団長を務めてきたが、五輪を目ざすチームに同行し、活動の最初から最後までつぶさに観察したのは今回が初めてだった。大岩監督のマネジメントやチーム全体のオペレーションがどのように行なわれているか、まんべんなく把握できたことは収穫の一つだった。

大岩監督のチームは非常に統率が取れていて、「郷に入っては郷に従え」という言葉をもじれば「剛に入っては剛に従え」という感じ。日本代表の森保監督と同様、選手との対話を大事にしつつも、自分の基準をはっきりと示し、それについて来られる選手は機能するというスタイル。陣頭に立つ指導者像は、若い選手が多いＵ―22のチーム作りにマッチしていると感じた。攻守をシームレスにハードワークするのは代表チームを横にも縦にも貫くコンセプトであり、常に話し合いの場を設けて上から下まで目線を合わせているので心配はない。チーム作りは順調に進んでいる。

サウナ風呂のような高温多湿のバーレーンでは、パキスタンに６対０、パレスチナに１対０、バーレーンに０対０の結果で、無事に24年４月のパリ五輪最終予選を兼ねたＵ―23アジアカップへ駒を進めることができた。気温の高さは尋常でなく、ビーチの海水すら風呂のような熱さだった。そんな酷暑に苦しみながらも日本はターンオーバーを活用し、ダブルチーム体制で試合をコントロールした。

Jリーガーと海外組で編成されたチームは、選手をどのように使い回しても戦闘能力が落ちない。この選手層の厚さは、日本にしかない武器だった。

他のライバルを見渡せば、イランが最終予選に進めなかったのは大きなトピックだった。一方でベトナム、タイといった常連に加え、インドネシアが予選1位でU—23アジアカップ初出場を決めたのは、東南アジアの近年の勢いを感じさせる。

U—23アジアカップに出場する16チームのうち、パリ行きのチケットを無条件で手に入れられるのは上位3チームのみ。どのチームも着実に前進しており、非常に厳しい戦いになることは覚悟している。3位決定戦で敗れて4位になると、アフリカのギニアとのプレーオフに回ることになる。そこは何としても避けたい。

U—23アジアカップのドローは、11月23日に行なわれる。日本は昨年の前回大会で3位になったことで、地元のカタール、優勝したサウジアラビア、2位のウズベキスタンとともに第1ポットに入ることが約束されている。ライバルの韓国は第2ポットだから、抽選次第で日本と同居する可能性がある。どんな組合せになるにせよ、対戦相手は徹底的に引いた省エネサッカーを仕掛けてくるだろう。今回の予選で日本と引き分けたバーレーンも、パレスチナ、パキスタンと戦うときは4バックだったのに、日本戦だけ5バックで後ろをガチガチに固めてきた。日本が確固たる地位を築いた証しなのだが、U—23アジアカップでも相手の専守防衛に手を焼くことは間違いなさそうだ。

アジア大会のチームに大学生が多かった理由

アジア大会では銀メダルを獲得できた。決勝戦で惜しくも韓国に1対2の逆転負けを喫したが、条件的に色々なハンディを背負った中で良く戦ってくれたと思う。

決勝戦のテレビ視聴率は、15・1パーセントという高い数字を弾き出したそうだ。アジアのライバル韓国が相手だったからなのか、アジア版の五輪として色々な競技・種目と同時進行することによる相乗効果があったのか。まだ分析はできていないが、日本代表のように名前を知られた選手が大勢いるわけでもないチームの戦いに、これほどの関心が集まったことを素直に喜びたい。同時に、選手を派遣してくれたチームの関係者に、この場を借りて謝辞を述べたいと思う。

アジア大会で銀メダルを手にしたU—22日本代表は、バーレーンでアジアカップ予選を戦ったチームとは別ものだった。我々スタッフはアジアカップ予選が終わるとただちに羽田空港へ帰り着き、その翌日には中国行きの機上の人となったが、羽田で選手だけを変更したような感じだった。まさにタッチ・アンド・ゴーの慌ただしさだった。

なぜ選手を入れ替える必要があったかと言うと、アジアカップと違ってアジア大会はＩＷとは無関係に開催されるからだった。そのため、クラブ側に選手をリリースする義務はなく、すべて応相談になる。ヴェルダー・ブレーメンの佐藤恵允やグレミオ・ノヴォリゾンチーノの松岡大起は、かなり前からクラブ側と交渉して準備を進めたこともあり、メンバー登録することができた。一方で、その他の海外組やＪリーガーを招集するのは困難だった。その結果、22人中10人を大学生が占めた。我々にとって非常にありがたいのは、全日本大学サッカー連盟は日本代表に招集されたら必ず送り出すと快諾してくれている。この協力的な姿勢に、我々がどれほど救われていることか。

そういう経緯を知らずにアジア大会を見た人は「なんでこんなに大学生が多いのだ？」と疑問を持ったことだろう。同時に、プロ内定者が多いことも、テレビの実況などを通して伝わったと思う。

内定者が多い理由にＪＦＡ・Ｊリーグ特別指定選手制度が関わっていることまでは、知られていないのではないだろうか。今回の大学組では、奥田勇斗（桃山学院大→Ｃ大阪）、今野息吹（法政大→Ｇ大阪）、吉田真那斗（鹿屋体育大→横浜Ｆ・マリノス）、関根大輝（拓殖大→柏レイソル）、重見柾斗（福岡大→アビスパ福岡）、山内翔（筑波大→ヴィッセル神戸）、日野翔太（拓殖大→サガン鳥栖）の７人が、ＪＦＡ・Ｊリーグ特別指定選手だった。

この制度は、Ｊクラブのアカデミーに所属する選手が〝飛び級〟でＪリーグの公式戦に出ることができるのと同様に、アカデミー以外からも大学や高校、街クラブといった種別・学校の垣根を越えて、Ｊの舞台を踏めるような仕組みである。23年現在はＪ１とＪ２は３人まで、Ｊ３が２人まで登録を認めている。

ＦＩＦＡが「日本サッカーの大きな利点」と指摘したもの

制度が発足したのは98年だ。最初は高校生だけが対象だった。第１号は帝京高校で「和製ロナウド」と呼ばれた矢野隼人氏。99年に強化指定選手と呼ばれていた制度で、ヴェルディ川崎（現東京ヴェルディ）から公式戦に出場した。

これは私の推測だが、強化指定という枠組みが考案された時期を考えると、98年のワールドカップ・フランス大会に小野伸二が18歳で出場したことと無関係でない気がする。小野のような高校生がこの先も現れた時、高体連の大会だけにとどめておくのは致命的な機会の損失になる。そんな議論があったと思うのである。

当初は色々な課題があったようだ。就職戦線でいえば「青田買い」のようなもので、新卒者の囲い込みをするのは一般企業でもあることだが、制度を利用しながら卒業の段階になってクラブがその選手と契約しないとか、選手が別のチームと契約してしまうとか、紆余曲折があったと聞く。

問題を放置するとクラブの補強戦略に狂いが生じ、パワーバランスが崩れてしまう。大学側・選手にとってもありがたくない。それでＪ１とＪ２は３人、Ｊ３は２人と枠を設け、特別指定＝内定＝仮契約を前提とする現在の形に落ち着いた。これで選手は安心してサッカーに打ち込めるようになった。

特別指定選手の数は、年々増えている。18年は27人だったのが19年は40人、20年は55人、21年は60人。22年は48人に減ったが、９月に集計を終えたばかりの23年の最新の数字は75人に増えた。内訳は大学４年生が57人、大学３年生以下が12人、高校や街クラブが６人。上限が３人だと、計算できる即戦力の大学生で枠を埋めるのは自然の流れだろう。大学生の特別指定の増加は三笘、旗手怜央ら大学出身者の活躍も刺激になっているのだろう。三笘は筑波大、旗手は順天堂大に在学中、ともに川崎Ｆの特別指定選手になった。

この制度を実際に経験した選手や指導者らにアンケートを取ると、「試合に出られなかったけれど、練習参加だけでもすごくいい経験になった」、「多くのことを学べた」というポジティブな回答が多い。「主力選手を週末の大学の大会にエントリーできない。その選手がＪリーグのベンチに座って試合に出ていないのを見ると切なくなる」といった苦情はある。選手を送り出す側のそんな気持ちも分かるので、Ｊクラブには運用にくれぐれも気をつけて、選手の成長を促すような遇し方をしてほしいと切にお願いしている。

23年10月20日付けのＦＩＦＡの公式ホームページで、日本サッカーが大学経由で多くのタレントを輩出していることを驚きの目で紹介している。

その一文を抜粋すると、「確かに、このプロへの道から遠回りする習慣は日本サッカーの大きな利点である。実際のところ、それを回り道と呼ぶことはもはや当てはまらないかもしれない。日本の大学サッカーはアマチュアリズムの域を超えている。これは、最も優秀な人材の多くが成長の機会を模索し、プロの舞台で自分の可能性を最大限に発揮できるエコシステムとなっている。改善の余地と固有の課題はあるものの、それは依然として日本サッカーの人材の生産ラインにおける重要な要素になっている」

種別・学校の垣根を越えて、鉄は少しでも熱いうちに打つ。ＪＦＡ・Ｊリーグ特別指定選手制度は、その一助になっていると言えるだろう。

五輪のメダルを念頭に

アジア大会が終わると、今度は同日に米国へ飛んでメキシコ、米国と手合わせした。北中米カリブ海のパリ五輪予選はすでに終わっており、チケットを手にしたのはドミニカと米国。東京五輪銅メダルのメキシコは3位に終わった。この地域も競争は苛烈ということだろう。試合はメキシコに4対1で勝ち、米国には同じスコアで敗れた。

北中米カリブ海と対戦すれば南米にも目を向けたいということで、23年11月には静岡でアルゼンチンと強化試合を行なう。南米のパリ五輪予選はまだ終わっておらず、アルゼンチンはこの遠征を大事な強化試合と位置づけている。18日の試合後、21日に同じ場所でトレーニングマッチを非公開でやるくらいだ。現在FIFAランキング1位の22年ワールドカップ世界王者は、いついかなるときも手を抜かず、しっかりとしたチームを送り込んでくるから有意義な試合になるだろう。IWの期間中ということで、こちらも海外組を呼び戻して〝ガチンコ〟の体制で臨むつもりだ。

ここまでのU―22日本代表の活動を振り返ると、22年6月のU―23アジアカップで3位に終わった後は、公式戦に恵まれなかった。そのため、フル代表のIWを利用して欧州遠征を積極的に重ねた。9月はスイスとイタリアのU―21代表と試合をした。イタリアでは元日本代表監督のアルベルト・ザッケローニさんが視察に来てくれた。

23年3月にはフランクフルトでドイツと、スペインのムルシアでベルギーと戦った。ドイツでは長谷部誠と川島永嗣が応援に来て、差し入れもしてくれた。6月にはイングランド、オランダとも強化試合を組めた。

そうやって毛色の異なるチームと手合わせしてきたことの集大成が、11月のアルゼンチン戦になる。9月から10月にかけての活動だけでも40から50人の選手を、連戦の中で試すことができた。母体となるパイを大きくする上で、本当に有意義な活動だった。ここからU—22日本代表を飛び越えて、日本代表に選ばれる選手が出てくる予感がするくらいだ。

国際試合を繰り返して強化してきたのは、24年4月のU—23アジアカップを勝ち抜いて、何としてもパリへ辿り着くため。念頭にあるのは、五輪のメダルである。

⚽23年11月　U—17ワールドカップ～「自立」と「自律」

23年11月10日から12月2日までインドネシアで開催されたU—17ワールドカップで、日本はベスト16で涙をのんだ。今回はグループステージでポーランドを1対0、セネガルを2対0で下してノックアウトステージへ駒を進めたが、ラウンド16でスペインに1対2で敗れ、優勝カップを掲げる夢は費えた。

森山監督と選手は本気で頂点を目ざしていたから、悔しさは大きかった。だが、スペインの監督、スタッフ、選手が試合後に見せた振る舞いは、日本へのリスペクトの精神に溢れるものだった。ピッチに最後まで残って敗者と目を合わせて握手を交わし、短くても言葉をかけ、健闘を称え合う。スペインはごく自然にそういうことができていた。あるいは日本が、そういった行動を引出すに値するグッドルーザーだったのかもしれない。

日本はグループステージで、南米の強豪アルゼンチンにも1対3で負けた。アルゼンチンやスペインのような強国の壁を、いかにして乗り越えていくのか。敗戦を重く受け止めながら、私はアルゼンチンやスペインにあって日本にないものに思いをめぐらせた。

たとえば、日本には「自分の好きなこと」や「得意なこと」は進んでやるが、「嫌いなこと」や「苦手なこと」はあまりやりたがらない選手がまだいる。アルゼンチンやスペインに、そういう「お山の大将」のような選手はいない。好き嫌いなどという個人の趣味嗜好はチームの勝利の前では意味をなさず、選手のウィークな部分も常日頃から接する監督やコーチが改善すれば良い。そこに触ろうとしないから「このままでいいんだ」と勘違いし、それがその選手の日常になってしまう。

日本では欠点に目をつぶって長所を伸ばすことが「是」とされやすい。小さなことにこだわると個性が失われる、と。しかし、スペインやアルゼンチンには、得意な部分を消されても十分に個性が輝いている選手がごろごろいた。言うなれば、彼らの方が選手としては「大人」だったということである。

スペインは、戦術的には金太郎アメのようだ。フル代表もアンダーカテゴリーの代表も、中盤を逆三角形にした1―4―3―3を組んでくる。フル代表のセルヒオ・ブスケッツ、ペドリ、ガビのようなMFが、アンダーカテゴリーの代表にもいる。

さらに共通するのは、フル代表の武器であるポジションの優位性がすでに刷り込まれていることである。たとえば、スペインの1トップのマルク・ギウは、日本のCB土屋櫂大（川崎F U―18）、CB本多康太郎（湘南U―18）の中間に必ず立ってくる。そうやって2人のCBを同時にけん制するのである。バルセロナ所属のこのセンターフォワードは、その上で背後を狙ったり、前線から下りてクサビのパスを引き出して前を向ければ向き、向けなければ味方に落としたりした。プレーの優先順位が、常に明確だった。

ポジションによる優位性は、ウイングの選手がサイドバックやボランチの動きを抑止するなど、サイドでも仕掛けてきた。試合はFW名和田我空（神村学園高）の同点ゴールで接戦に持ち込めたが、チーム戦術ではスペインのほうが「大人」だった。

アルゼンチン戦ではFKから失点した。震源はペナルティエリア付近で反則を誘うゴリゴリ感満載のFWがいたことである。かつてフル代表で前線を張ったカルロス・テベスやセルヒオ・アグエロの系譜を受け継ぐようで、体格に恵まれていなくとも怯むことなくDF陣の間を突き破ろうとする。考えが整理され、意思がプレーに表われるアルゼンチンやスペインのアタッカーに比べ、日本の選手は「何となく」プレーしているというか、駆け引きの経験が足りないと感じた。

スペイン戦は休養が相手より1日少なく、開催都市を移動して戦うハンディもあった。アジア予選で活躍したFW道脇豊（ロアッソ熊本）が大会前のケガの影響で、本調子から遠かったのも残念だった。

チームの全5得点中4点を挙げたFW高岡伶颯（日章学園高）、スペイン戦で得点した名和田は、いずれも高校サッカー部の選手だ。確証があるわけではないが、周囲から「お前しかいない」と託され、本人も「俺がやるしかない」と思い定める環境が、高校サッカー部により強くあり、それがたくましいFWを育むのかもしれない。ゴールへのハングリーさがあるアタッカーが、高校サッカー部の選手に多いのは確かだ。

アンダーカテゴリーで対人感覚を磨く必要性

日本代表の森保監督に言わせると、「欧州へ移籍すると、選手は2カ月で劇的に変わる。特にボールを奪う迫力が変わる」そうだ。U―17日本代表を率いた森山監督はそれを引用して、「アリバイ作りみたいにボールを奪いにいくな。取りにいくなら本気で取りにいけ」と喝を入れていた。

森山監督が日本サッカーの将来への懸念として私に吐露したのは、オーバーナンバーのトレーニングが多いのではないかということだ。たとえば5対2のボール回し（ロンド）や4対4＋3フリーマンなどで、ボールを持っている側の判断が少し遅くてもプレーできる練習に慣れきってしまうと、最近のマンツーマン気味に張りつくハイプレッシャーな戦いには対応しきれないと言うのだ。4対4の同数にしてタッチ数も制限するとか、人に強い選手が当たり前のように出てくる練習をさせないと、どうしたってスペインやアルゼンチンとの差は開いてしまうだろう。人形を立ててその脇を通過させるようなコンビネーション練習の効果を全否定するわけではないが、こうした練習ばかりしていると肝心の対人感覚が磨かれないということも、今後考えていく必要がある。

もちろん、日本の選手にもいいところはたくさんある。

育成の仕組みも、今や世界から一目置かれている。アンダーカテゴリーで全国大会に出場するようなチームに入れなかったからといって「そこで終わり」とはならず、後から伸びてくる選手をすくい上げる網が機能している。

選ぶ側の指導者は大変だ。ＪＦＡコーチは指導者養成のチューターもやりつつ、選手のスカウティングにも奔走している。高校年代でいえば週末になるとU―17日本代表の森山監督、廣山コーチ、高橋GKコーチ、村岡誠フィジカルコーチらが手分けして試合を見て回っていた。1人で1日2試合見るとしても8試合が最大。それでは足りないということで、他のコーチも手伝った。

これがスペインなら、バルセロナとレアル・マドリードといったビッグクラブの育成組織を視察しておけば、事足りるのかもしれない。U―15のキャンプである程度までタレントはセレクトされているとはいえ、日本はどこに逸材が眠っているか分からない。それで「雨にも負けず、風にも負けず」の宮沢賢治の世界のごとく、JFAのコーチたちは日本中を行脚するわけである。

「自立」と「自律」へ行き着く

アンダーカテゴリーのワールドカップが終わるたびに思うのは、大会終了後の選手たちが置かれる環境の落差である。バルセロナやレアル・マドリードなど、ラ・リーガのクラブに籍を置くスペインの俊英のなかには、マルク・ギウのようにトップリーグで経験を積む者がいる。そこまではいかなくても、U―21やU―19のリーグで毎週末にしのぎを削る日常がある。日本の高校生年代に、そういう日常はない。U―17ワールドカップ期間中に大きく成長しても、日本に戻ると自分の所属チームの水に慣れ、「このままではヤバい」という危機感をいつの間にか失ってしまう。

できることからやっていこうということで、日本サッカー協会は11月の理事会で「ＪＦＡ・Ｊリーグ特別指定選手制度」に「ＪＦＡ推薦の特別指定選手」の追加を決議した。

Ｊクラブのアカデミーに所属する選手は、２種登録選手としてＪリーグなどの公式戦に出場できるから、今回の決議の対象外。我々が狙いとするのは、いわゆる街クラブや高体連の逸材を、ＪＦＡ推薦としてＪクラブで練習させたり、Ｊリーグなどの公式戦に出場させたりすることである。

選手の選考は技術委員会で行ない、受け入れ先は選手の負担を考慮して、その選手が通うチームと同一都道府県内のＪクラブとする。今大会で日章学園の高岡は大活躍したが、そんな彼がもっと大人のサッカーに混じっていたら、もっと爆発的なことができたかもしれない。そんな流れを、この制度を使って加速させていきたいのである。

世界から評価されるようになった日本サッカーがもう1ランクも2ランクも上がるために、私は「自立と自律」が必要だと思っている。監督やコーチから言われてやるのではなく、もっと内発的に、その選手自身の内から溢れ出るエネルギー、モチベーション、野心といったものに突き動かされ、自分から練習にも試合にも取り組めるようになるべきだ、と。スペインやアルゼンチンにあって日本にない、あるいはあっても足りないと感じたものを根元までたどっていくと、そこに行き着く気がするからだ。

2024年1月　JFAアカデミーの変化の先に

24年1月いっぱいでJFAアカデミー福島の男子は高校年代の活動を終え、4月からは中学年代の活動に絞られることになった。女子はこれまでどおり、中高一貫の6年間で人作り、選手作りを行なっていく。

また、11年3月11日の東日本大震災で壊滅的な打撃を受けた後、静岡県裾野市に拠点を移していたが、13年の歳月を経て元の場所で活動することになった。大震災直後に居場所を失ったアカデミーの子どもたちを快く受け入れ、何かと面倒を見てくれた静岡の関係者のみなさまに、この場を借りて厚く、深く御礼を申し上げたい。

日本サッカー界初のナショナルトレーニングセンターとして福島県の浜通り、双葉郡楢葉町、広野町にまたがる「Jヴィレッジ」が開設されたのは1997年。その施設を利用して06年4月に開校したのが、JFAアカデミー福島だった。

手本としたのはフランスのクレールフォンテーヌにあるフランス国立サッカー学院（IN

F）で、公募して集めた生徒にロジング（完全寄宿生活）形式による中高一貫教育を施し、サッカーに限らず色々な分野で国際的なスケールで活躍できる人材にして世に送り出す、という高邁な理想を掲げて活動を始めた。初代のテクニカルアドバイザーに元INF校長のクロード・デュソーさんを迎え、大きな力を貸していただいた。

本家の〝虎の穴〟はティエリ・アンリ、ニコラ・アネルカ、ウィリアム・ギャラス、ルイ・サハ、キリアン・エムバペら錚々たる選手を輩出し、98年に自国開催したワールドカップで初優勝を飾って以降、サッカー大国としての地位を完全に固めたフランスの重要な選手供給源であり続けている。日本もそれに追いつき追い越せと頑張っていたところで、東日本大震災が起こった。

JFAアカデミーは移転を余儀なくされ、引受先となってくれたのが静岡県御殿場市のリゾート施設「時之栖」だった。JFAとは古くから交流があり、日本代表のキャンプ地としてたびたび使われてきたこともあり、行政や学校関係者も対応に奔走してくれた。4月から始まる新年度のクラス分けはすでに終えた後だったが、編入先の御殿場市立富士岡中学校は福島から転校してくる62人の中学生を加えて、新たにクラス分けをやり直してくれた。高校生についても静岡、福島両県の県知事、副知事、教育長同士が協議し、静岡県立三島長陵高校内にアカデミーの生徒たちが通っていた福島県立富岡高校のサテライト校を設置するという特例を設けて、ハードルをクリアしてくれた。

「子どもたちを何とか支えたい」という関係者の熱い気持ちと柔軟な対応が、スムーズな移転を可能にしたのだった。その後、15年からは、「株式会社帝人」よりＪＦＡアカデミー福島の女子選手の拠点として、裾野市内に位置する帝人アカデミー富士をご準備いただき、女子の活動がより一層推進されたのだった。

そうした環境整備と並行して、福島第一原発の対応拠点となったＪヴィレッジは19年春に全面リニューアルオープンし、再開の緒についた。21年からはＪＦＡメディカルセンターの再オープン、ＪＦＡアカデミー福島の男子の部分的な再開がこれに続き、24年春の女子の復帰でついに完全復活することになったわけである。

アカデミー出身の代表選手や海外組も登場

ＪＦＡの理事会が福島の男子アカデミーの活動期間を、６年から３年に短縮すると決めたのは20年のこと。以降、６年プログラムを前提とした選手募集はしなかったことから、23年は高校３年生17名だけでプリンスリーグ東海を戦い、優勝で有終の美を飾った。

男子のアカデミーを中学生に限定するのは、06年のアカデミー立ち上げ当時と高校生世代の育成環境が大きく変わったからである。今では41都道府県に60のＪクラブが存在し、それぞれのクラブに高校年代のユース部門がある。Ｊクラブ以外の街クラブも増えた。これだけの土壌があれば、そちらに選手育成を委ねても大丈夫だろうという判断である。

一方で中学の部を残したのは、高校年代に比べて育成環境がまだまだ十分と言えないからだ。サッカーを真剣にやりたい子どもがいても、ニーズに応えられる環境が近くにないという地域が多い。

アカデミーでは応募者の中から学年ごとに16人のフィールドプレーヤーと、２人のＧＫを毎年入校させている。この春卒業する中学３年生の学年からは、スカウト活動もしてきた。それまでは応募者の中からセレクションにかけて合格者を出してきたが、３年前から優秀なタレントがいると「ぜひ福島に来てください」とクラブの指導者や親御さんに働きかけるようになった。地元のクラブと競合した場合は、「そちらを優先してください」と言い添えることは忘れない。

サッカーを続けたいと思っても、片道で2時間程度かかるクラブに通うなどの地理的な懸念や経済的な懸念など、それぞれに家庭の事情がある。その中で双方の気持ちと事情がうまく噛み合えば、アカデミーに招き入れてきた。

発育発達期の中学生年代で親元を離れることには懸念もあるが、寮生活で子どもたちは見違えるほどに自立していくのである。また、学校、グラウンド、寮が近距離にあることで、栄養摂取のタイミング、休息、睡眠の十分な時間の確保、そして義務教育下においては十分な学習時間を確保できる。こういった点にメリットを感じてくれ、JFAアカデミー福島を選択してくれる選手が多いことも事実である。特にGKはアカデミーに来れば指導者ライセンスを持った専任のコーチがいる。屋根付きの練習場もある。本人の努力次第で、いくらでも伸びていける最高の練習環境が用意されている。

プロ選手の養成だけが目的ではないものの、現実にJリーガーを送り出すようにもなった。横浜F・マリノスの小池龍太は3期生で、22年7月にアカデミー出身者として初めて日本代表に選ばれた。ヴィッセル神戸のGKオビ・パウエル・オビンナは5期生、23年11月にU－22日本代表に選出された植中朝日は9期生だ。

海外組も出てきた。10期生の三戸舜介はアンダーカテゴリーの代表に選ばれ続け、アルビレックス新潟から24年1月にオランダのスパルタ・ロッテルダムへ移籍した。11期生の松田隼風は水戸ホーリーホックからドイツのハノーファー96へ期限付き移籍した。沖縄の比屋根FCから来た13期生の花城琳斗は、まだ高校3年生ながら在学中のドイツ遠征でスカウトの目に留まり、シュツットガルトへ行くことになった。

「鉄は熱いうちに打て」は育成の「真理」

福島だけでなく熊本の宇城（対象は男子中学生）や大阪の堺、愛媛の今治（対象はともに女子中学生）にもＪＦＡアカデミーが立ち上げられた。成果を上げているのは、押し並べて女子のほうかもしれない。

女子は男子に比べて競技人口が少なく、小学生まで男子と一緒にプレーができても中学生になると受け皿となるチーム数が極端に減り、サッカーを続けることが難しくなる。能力があっても近くに行き場がない女子のセーフティーネットとしても、アカデミーは機能しているのだ。中でも福島はその育成力をＡＦＣから高く評価され、「エリートユーススキーム」において最高ランクの三つ星を獲得した女子初のクラブになったほどだ。

そんなＪＦＡアカデミー福島の女子からは、在学中になでしこジャパン選出された13期生の谷川萌々子が、バイエルン・ミュンヘン（ドイツ）に加入することが決定。24年1月から期限付き移籍によりローゼンゴード（スウェーデン）でプレーする。同じく13期生の古賀塔子は、フェイエノールト（オランダ）への加入が決定した。男女を問わずに高校年代から国内リーグを経由せずに海外に進出するのも、新たな潮流となっている。

クレールフォンテーヌにあるＩＮＦを本校とするフランスの男子選手養成所は現在、分校が15にまで拡大している。フランスらしいのは、かつての植民地であるインド洋のレユニオン、カリブ海のグアドループにも分校があること。これらの養成所が対象とするのは13歳から15歳までの少年たちで、2年間にわたって月曜から金曜まで養成所に通い、週末はそれぞれの所属クラブに戻って試合をする。

ＪＦＡアカデミーの宇城も同じやり方だ。福島のようにチーム単位で活動したほうがスタッフも選手も一体感が持てて、やる気が出るという見方はあるが、個の能力をひたすら磨くことに力点を置いてか、フランス人はそこをあまり気にしないようだ。ちなみに宇城では昨年のU—15日本クラブユース選手権で準優勝に終わったソレッソ熊本に所属している選手が何人かいる。彼らは週末になるとソレッソで試合などの活動をしているのである。

ＩＮＦの指導方針の根底にあるのは、徹底したエリート教育だろう。本校が採用するのは毎年23人、分校は15人程度だそうで、11月から4月まで約半年をかけて実施するセレクションには毎年２０００人ほどの希望者が集まる狭き門。卒業生の大半はプロのクラブに進むが、ＩＮＦも含めて養成所は卒業後のクラブ選びには一切介入しないそうだ。

フランスが13歳から15歳の選手養成を重視するのは、技術を習得するのに一番ふさわしいゴールデンエイジ（10歳～12歳）に次いで、ポストゴールデンエイジとなる中学生年代にも「ならではの難しさ」があるからだろう。身体が急激に変化するこの時期は、メンタル的にも多感な時期で心身のバランスを崩しやすい。身長は急激に伸びても柔軟性は低下し、身体操作が急に難しくなってそれまでできていたことができなくなるクラムジー症状にも陥りやすい。そこで挫折する選手も出てくる。

外国人の子どもは特に早熟というか成長過程が速いから、サッカーに集中できる充実した環境を与え、より丁寧に観察していこうということなのだろう。スタッフの中にはフランス代表のGKコーチがいるくらいだから、トップ・オブ・トップのコーチに指導を受ければ選手も励みになる。アンダーカテゴリーのワールドカップを見ていると、レベルの高い個人戦術の集合体としてフランスの強さはどのカテゴリーでも図抜けている。その一因は、こうした徹底した英才教育にあるのかもしれない。

フランスの代表選手全員が、養成所の出身者というわけではない。フランスにもキャリアのパスウェイが色々とある。ただ、才能に恵まれた人間の能力にさらに磨きをかけるために、「鉄は熱いうちに打て」という考えは古今東西を貫く真理のような気がしている。

プロテニスの錦織圭選手は象徴的な例で、13歳で米国のアカデミーに渡ることがなければ、あのようなレベルに到達したとは思えないのだ。錦織選手の成功は、個の能力を最大限に伸ばすには厳しい英才教育が必要であることを示している。バルセロナの育成組織で寄宿生活を送った久保だってそうだろう。

そういう外国のやり方を知ると、日本も指をくわえて見ているわけにはいかない。コストはかかっても中学生年代から英才教育を施すことは、その選手の成長を考えればプラスになるはずだ。海外にＪＦＡアカデミーの分校を作ったらどうか、と思ったりもする。

ドイツのデュッセルドルフにＪＦＡの欧州拠点があるのだから、まずそこに分校を作り、選手を留学させる。現地の学校に通ってドイツ語や英語を学び、週末は外国のチームと試合を行なって競わせる。そんな日常を過ごしたら、どんな化学反応が起きるのか。

今ならオンラインで家族と頻繁にコミュニケーションは取れるから、ホームシックになるようなことも昔に比べたら少ないだろう。成果がすぐに出るとは限らないが、色々な選手のパスウェイがある中で、海外を絡めたＪＦＡなりのメインロードを用意することは一考に値するのではないか。そんなことをふと思い描いてしまう。

ワールドカップ優勝を日本が本気で目ざすのなら、個の力を今よりもさらに引き上げる必要がある。ＪＦＡアカデミーの海外分校設立を夢見るのも、悪くないと思うのだ。

第4章

指導者養成を語ろう

本人提供

指導者の勉強をするためにバルセロナにコーチ留学していたときのひとコマ（第5章、205ページ参照）

20年10月　指導者ライセンス取得はスタート地点に過ぎない

日本サッカー協会（ＪＦＡ）は08年から、指導者の功績を称えるある取り組みをしている。日本代表に初めて招集された選手に、４種から１種（小、中、高、大学に相当）にかけてお世話になったと考える若干名の指導者を、それぞれの年代で選んでもらうようにしている。名前の挙がった指導者の方へ、ペナントとその選手のコメント付きの賞状を贈り、功績を称えるのだ。

私自身はこの制度を最近になって知った。千葉・幕張の高円宮記念ＪＦＡ夢フィールド内のデスクで仕事をしていると、代表チームの総務担当が作業をしているのが目に入った。彼の前に青いペナントが置いてあり、「それは何？」と聞くと「日本代表選手を育てた指導者に贈る記念品です」と答えた。

カメルーン、コートジボワールと戦った20年10月の代表活動でも、同じ光景に出会った。オランダのキャンプ地のホテルで夕食を済ませ、食事会場でチームスタッフらと雑談していると、隣のテーブルで指導者への感謝のコメントを書き込んだ賞状をまとめるスタッフがいた。覗いてみると、「これからも精進します　お体に気を付けて　この先も健康にお過ごしください！」と書いてあった。子供の頃から親身になって面倒を見てくれた指導者に、感謝の気持ちを込め、青いペナントと賞状を贈るというのは心温まる感じがする。本人のコメント付きというのも良い。もらった側も嬉しくて、自宅のリビングの一番良いところに飾ったりするらしい。

指導者と言うと「優勝」とか「日本一」とか、何か大きなタイトルを手にした人物にスポットライトが当たりがちだ。しかし、選手が成長していく過程には、彼らを手塩にかけて育てた名も無き在野のコーチがたくさんいるものだ。この制度の根っこにあるのは、そういう指導者の世界の「アンサングヒーロー」たちの労苦に、少しでも報いたいという気持ちなのだろう。

©JFA/PR

これが指導者に贈る記念品。こうした小さな積み重ねが、指導者養成に繋がってくる。

指導者の重要性、良い指導を受けることの大切さ。そんなことに私が思いを馳せたのは、20年10月の日本代表の活動で代表選手たちと日々接したからかもしれない。

サッカーはプレーにその人の性格が出ると言われるが、オランダに集まった選手たちは人間的にも優れていた。コロナ禍の代表戦という困難な状況にありながら、不平や不満を口にする者は一人もいなかった。感染予防のプロトコルを順守させるために、あれこれ細かいことをこちらから注意することもなかった。

宿舎では密を避けるために、テーブルを囲んで食事をすることができなかった。一人が一つのテーブルに座って食べる〝個食状態〟だった。食事しながらスマートフォンなどを見る選手がいても不思議はないと思っていたが、彼らはそういうこともまったくしない。社会的距離を慎重に取りながら、選手同士で可能な限りコミュニケーションを図り、生の情報を交換し、それをチームに役立てようとした。日常の振る舞いも含め、そういう行動が付け焼き刃ではなく、ごく自然にできていた。

そんな選手を見ながら、指導者はただサッカーを教えるだけでなく、選手の人間的な成長も見つめていく必要があると改めて痛感した。家庭では親の影響が大きく、グラウンドでは指導者が選手の人間形成に大きな影響を及ぼす。そんな責任の重さを、オランダ合宿で再確認したのだった。

若くて勢いのある指導者を輩出したいが

技術委員長の仕事の四つの柱の一つにあたる指導者養成に、コロナ禍は大きな影響を与えている。日本でサッカー指導者として活動するには、指導する対象に応じてＪＦＡ公認のライセンスを取得する必要があるが、20年度はライセンス講習会を開けないでいる。

たくさんの受講生を集め、座学や実技の場を設けるのは、「3密」そのもののハイリスクな活動になってしまうからだ。辛うじて最上位のS級ライセンスと、来年秋にスタートする女子プロサッカー「WEリーグ」のために設けた「A－proライセンス」だけを開講している。指導者養成はオンライン講習だけでは足りず、対面での実践の場がどうしても必要になる。実技の参加者には全員スマートアンプ法のPCR検査を受けてもらい、新型コロナウイルスの陰性が確認された者だけが受講可能となっている。

指導者のライセンスについて、様々な意見があることは承知している。

Jリーグの鹿島アントラーズを引退した内田篤人が「ロールモデルコーチ」という肩書で、JFAの仕事を手伝ってくれることが最近話題になった。元日本代表でワールドカップ出場の経験があり、ドイツのシャルケではチャンピオンズリーグでベスト4まで勝ち進んだ。そんな内田でも正式にコーチになろうとしたら、ライセンスをコツコツと取得していく必要がある。それを不思議に感じる人がいるのも分かるし、賛否両論があっていいと、個人的には思っている。

サッカーの進化に合わせてライセンス制度もアップデートされ、変化が激しい。細分化も進んでいる。幼児や小学校の低中学年向きの公認キッズリーダーから、小、中、高校生を指導するコーチ、大人のプロ選手を指導するコーチ、GKコーチ、フットサルのコーチに加え、21年にはフィジカルコーチのライセンス制度も整う。

教える対象によってコーチのスタンスや指導理念は変わるものの、仕事そのものに大小や軽重はないと私は考える。小学生を教えるにはそれ相応の難しさがあり、反抗期を迎えた中学生にどう接するのかといったことには、経験も専門性も要求される。

誤解されると困るのは、ライセンス制度とはライセンスを取らせるのが目的ではなく、日本のサッカーをより良くするための指針や方向性を、広くコーチたちに伝えることが最大の眼目なのである。また、ライセンス取得はスタート地点に過ぎない。取ってからどうするかが大事で、しっかり学び続けなければならないし、学ぶことをやめたら指導をしてはいけないと言われるのも本当のことだ。

その中でもプロチームを率いる監督を待ち構えているのは、茨の道だ。精進を重ねて現場を任されても、成績が悪いと叩かれる。プロチームの監督になると、その叩かれ方が半端ではない。それに耐えていくには、相当なメンタルの強さがいる。そして、これればかりは監督にならないと鍛えようがない。

経験不足の監督が陥りがちなのは、自分の理想に当てはめようとして失敗するパターンだろう。シャビ・エルナンデスやアンドレス・イニエスタがいないチームでバルセロナのようなスタイルを目ざしても、形にするのは難しい。やがて理想に現実が追いつかないまま、任を解かれてしまう。Jリーグで経験値のあるベテランの監督が重宝されるのは、彼らには現実と折り合う力があるからだろう。

ドイツから若く優秀な監督が次々に出てくる。ライプツィヒのユリアン・ナーゲルスマン監督は、28歳でブンデスリーガ1部のトップチームを率いた。日本はそういう監督がなかなか表舞台に出てこられない。若くて勢いのある監督を輩出したいと思っているのだが……。これも私に与えられた宿題の一つかもしれない。

⚽2021年3月　監督という仕事

「日本サッカーの師」と言えるデットマール・クラマーさんが紹介した「試合終了のホイッスルは、次の試合へのキックオフの笛である」という言葉が好きだ。松本山雅FCの監督として、18年にJ2優勝でJ1昇格を決めた直後の挨拶でも、この言葉を使わせてもらった。

監督の頭の中も、「次」へ向けて常に高速で回転している。Jクラブの監督をしていた当時、試合終了とともに次の対戦相手のその日のリザルトをチェックした。他チームの警告の累積数を頭に入れていたから、警告や退場をすぐに調べて「あの選手は次の試合に出られないな」

と確認していた。試合中の選手交代も、戦術的な理由か、ケガによるものか、すぐに調べるようにしていた。

自分たちの試合を振り返ると同時に、対戦相手の分析作業もすぐに走らせた。自チームと相手チームの分析をどういう割合で進めるかは、監督の頭にピクチャーとしてある。20年のJ1リーグで独走優勝した川崎フロンターレのように、自分たち主導で絵が描けるチームならともかく、松本山雅では対戦相手を丸裸にし、その穴を突くことに力を割いた。

監督には色々なタイプがあり、どのチームでも同じ戦い方を選手にさせる、自分のコンセプトを重視する人がいる。それがうまくハマるといいが、結果として選手の特長を引き出せずに終わることが多いように感じる。ペップ・グアルディオラ監督の下でバルセロナのサッカーが一世を風靡した頃、バルセロナのようなサッカーを目ざす監督が増えた。しかし、そのほとんどはうまくいかなかったように思う。

私はというと、選手という素材を見て、調理の仕方を変えるタイプだ。09年から11年まで指揮した湘南ベルマーレでは4バックで戦ったが、松本山雅では3バックを採用した。ペナルティエリアの長辺の幅を2人で守れるセンターバック（CB）が、タイプとしていなかったからだ。それならば、3人のCBで守ったほうが堅さは増す。日本のサッカーファンはシステムや選手の並べ方の議論を好むが、守備にしても攻撃にしても、監督に必要なのは選手の能力や適性に合わせてチームを構築できる引き出しの多さだと思っている。

3バックか4バックかも、最初から「ありき」で決めることではない。サイドアタッカーとサイドバックの関係も、それぞれの持ち味や力量に応じて、攻守の絡め方は違ってくる。

準備段階の間違いが少なければ勝利に近づく

練習の中身も、チームの状況に応じて変わる。湘南では練習のほとんどを攻撃に割いた。守備の個人戦術はある程度の水準に達していると感じたので、自分が必要だと思うものを優先的に落とし込んだのだ。ドイツ・ブンデスリーガでぐんぐん頭角を現してきたラルフ・ラングニック(当時はホッフェンハイム監督)を訪ね、色々と勉強したばかりだったので、攻撃の練習も「いかにして縦に速く攻めるか」を徹底させた。「急がば回れ」ではなく「急がば急げ」とでも言うか。いたずらに横パスをつないで横に2対1の数的優位を作るので

本人提供

ラルフ・ラングニック監督(写真右)との2ショット。縦に早いサッカーを提唱する、ドイツ人監督だ。

はなく、縦で2対1を作れと指導した。

12年から19年まで監督を務めた松本山雅では、逆に守備の練習に多くの時間を割いた。それもまた選手の顔ぶれを見て、私の中の別の引き出しを開けたということだ。〝宗旨変え〟をしたつもりはまったくないのである。

トレーニングもゲームも、とにかく準備が大事だ。自分たちの情報と相手の情報を豊富に持ち、それを的確に分析して試合に役立つトレーニングをして本番に臨む。準備段階で間違いの少ないほうが勝率は高まる。

監督がどれくらい準備に余念がないかを示すものとして、元日本代表監督のイビチャ・オシムさんのエピソードがある。ジェフユナイテッド市原（現千葉）を率いた当時、Jリーグの試合を毎節すべて観ていたという。次の対戦相手だから観る、という次元ではなかったらしい。それに加えて最先端の動きを見逃すまいと、欧州の試合もつぶさにウオッチしていた。

私はそこまでできなかったが、試合翌日のオフに次の対戦相手の直近の3試合を必ずフルタイムで観ていた。近年は分析ソフトが進化しており、100くらいの項目がすぐにデータとして出てくるが、自分の目で確かめながら気になったことをどんどんメモしていく。その上で、データと突き合わせる。さほど変わりはないから、私の見立てを補強する材料にデータがなってくれていた。

最高のスカウティングは、生で試合を観ることだ。長野県松本市から山梨県甲府市くらいの距離なら、簡単に往復できる。観たいカードが甲府市であれば、自分で足を運んだものだった。実際に試合を観て作るメモに勝るものはない。スカウティングビデオも、そのメモを元に作ってもらったりした。とにかくオフ明けのボールを使う最初のトレーニングから、相手の情報をインプットした状態で始められるようにした。

練習をコーチに任せる監督もいるが、私は自分でやらないと気が済まないタイプだった。と言っても、攻撃にフォーカスした練習では、攻撃にしか関わらない。守る側の粗が目についても、アシスタントコーチに任せる。攻撃を改善しようとしているのに、監督が守りのこともあれこれ言い出したら、トレーニングの狙いがぼけてしまうからだ。それは「ランダムコーチング」といって、指導者ライセンスの講習でも悪い例とされている。守備を担当するコーチのトーンは、3分の1くらいに抑える。そうすることで、監督の声はより届きやすくなる。

試合前の練習は「ウォーミングアップ」にあらず

試合前のミーティングで心がけたのは、与える情報と割愛すべき情報の取捨選択をしっかりすることだった。ミーティングで見せるパワーポイントには、ピッチ上でのこちらと相手の並び、クロスの形になったら必ず交差する動きを入れてくるといった相手の攻撃の特長、メンバー交代のタイミング、レフェリーの判定の傾向なども載せる。

試合当日にスタジアムに到着したら、風向きやピッチコンディションを確認する。芝生の長さ、散水によるピッチの水分量も、大事なチェックポイントだ。試合前とハーフタイムに、どれくらいの量を撒くのか（アウェイでは撒かれるのか）。シュートが水分量で変化するのをGKは特に嫌がるから、ここではGKやDFが相談相手になる。

キックオフ前の練習では、自チームより相手チームを観察していた。あの時間をただのウォーミングアップと思ったら大間違いだ。試合でやるべきことの最終確認をしているチームは多く、その狙いが透けて見えることもあるからだ。

ロッカールームでは試合の意義や意味について強調し、「向こうは60分くらいから運動量が落ちるから最初は風下を取って、風上の終盤に勝負に出よう」といった最終確認にも充てる。選手が安心してゲームに入れるように、先発の11人にはそれぞれにメッセージを用意しておく。「おまえなら全部スピードで勝てるから、どんどん仕掛けていけ」と、ポジティブなアドバイスを送る。最後は自信を持たせることが大事だ。ただし、さじ加減に気をつける。あまりやり過ぎてもいけない。与える情報が多すぎると、選手が消化不良を起こし、頭でっかちにもなって、プレーから躍動感が奪われるからだ。

試合の入りは、ゲームの流れを左右する大事な部分だ。私のやり方は、自チームの最初の10分は自分でしっかり見て、相手がどういう戦いを仕掛けてきているかはアシスタントコーチがしっかり見るというものだった。そして10分が経ったら、お互いの見立てを擦り合わせて、プランに狂いがないかを確認したり、その後の対策を立てたりしたのだった。

ゲームプランと実際の展開の食い違いを、どのように修正していくかはサッカーの永遠のテーマだろう。ベンチが選手の判断を奪うと、選手はプレーする面白みや喜びを失ってしまう。喜びや達成感はスポーツをする上ですごく大事なことだ。ゲームプランの遂行にあたって、監督の分身のような選手がピッチにいると助かるとは思う。

自分にはそういう選手はいなかった。と言うか、置かなかった。チーム内のヒエラルキーが変わる気がしたのだ。湘南ではキャプテンを決めずに、GKから順番に回していったこともある。それでも09年のJ2リーグでは、開幕から10試合で8勝した。キャプテンの輪番制は全員に責任感を持ってもらいたかったからだが、不慣れな選手は試合前の握手とコイントスを忘れてしまい、主審に呆れられたりした。

監督の重要な仕事に、選手交代がある。これは試合の展開次第だが、早い時間帯の交代では、交代で入る選手への指示の伝達はコーチに任せるようにしていた。選手は監督の動きを見ているもので、監督とベンチの選手が話し込んでいると「監督があの選手と話しているということは、交代は俺か」と思わせることになるからだ。そう思った途端に、集中力が鈍る選手がいる。

監督業は十人十色で、確固とした「形」があるわけではない。絶対に必要なのは常に学ぶ姿勢であり、学んだことをアップデートして固定観念にとらわれないことだろう。

そういう意味ですごいと思うのは、ジョゼ・モウリーニョだろうか。モウリーニョがレアル・マドリードを率いた11年4月に、バルセロナとの対戦「クラシコ」が19日間で4度も実現した。当時のバルセロナは絶頂期で、どうやってもレアルは分が悪かったのだが、ある試合でモウリーニョは中盤でマンマークをさせたのだった。あらゆる手を尽くすその執念に驚かされたし、私もそこからメモを取り始め、試合も録画して引き出しに入れておくようになった。

「学ぶことをやめたら、教えることをやめなければならない」

元フランス代表監督のロジェ・ルメールのこの言葉は、私が好きな言葉の一つである。

⚽2021年12月　監督の開始年齢を引き下げるには

ＪＦＡの技術委員会指導者養成部会と足並みをそろえ、私が推し進めたいと考え、取り組んでいることに、監督という仕事の開始年齢の引き下げがある。指導者養成を活性化し、欧州並みの30代半ばでトップディビジョンのプロ監督になり、やがてアジアや世界を舞台に活躍する日本人指導者を送り出したいのである。

21年のＪ１リーグ開幕時、日本人監督の平均年齢は51・１歳だった。北海道コンサドーレ札幌のミハイロ・ペトロヴィッチ監督（64歳）や柏レイソルのネルシーニョ監督（71歳）ら外国人監督を加えると、平均年齢は53・５歳に跳ね上がる。

Ｊ２で若い監督が試されているかというと、そういう感じでもない。一番の〝若手〟は水戸ホーリーホックの秋葉忠宏監督の46歳。ちなみにＪ１からＪ３を通じた最年少は、Ｊ３のＹ・Ｓ・Ｃ・Ｃ・横浜のシュタルフ悠紀監督の37歳である。

これを欧州５大リーグのトップディビジョンと比べるとどうなるか。

監督の平均年齢が一番若いのは、ドイツのブンデスリーガで46歳。以下、スペインのラ・リーガの52・１歳、フランス・リーグアンの53・４歳、イングランド・プレミアリーグの53・７歳、イタリア・セリエＡの53・９歳と続く。ブンデスリーガ以外は、日本とそれほど差はないわけだ。

しかし、彼らが「監督」と名のつく仕事を何歳から始めたのかを比較すると、日欧の差は顕著になる。J1の日本人指揮官の監督開始年齢が平均40・3歳であるのに対し、ブンデスリーガのドイツ人監督は34・9歳、セリエAのイタリア人監督は35・2歳、ラ・リーガのスペイン人監督は35・5歳、プレミアリーグの英国人監督とリーグアンのフランス人監督は36歳となる。日本人指導者は監督という仕事を始めるのが、明らかに遅いことが分かっていただけるだろう。

J1で最も若い日本人監督は、湘南を残留に導いた43歳の山口智監督だ。日本の感覚だと若いと感じられるかもしれないが、ラ・リーガのラージョ・バジェカーノのアンドニ・イラオラ監督、冨安健洋が所属するプレミアリーグのアーセナルのミケル・アルテタ監督、セリエAのスペツィアのチアゴ・モッタ監督はいずれも39歳。ドイツの名門バイエルン・ミュンヘンを率いるユリアン・ナーゲルスマン監督にいたっては34歳である。ヴォルフスブルクのフロリアン・コーフェルト監督、ホッフェンハイムのセバスティアン・ヘーネス監督も39歳だから、ブンデスリーガには30代の監督が3人もいる。それで私も「もっともっとネジを巻かなければ」と思うわけである。

日本の場合、何が開始年齢を遅くしているのか。色々な要因が複雑に絡んでいるが、個人的に残念なのは、ＪＦＡのライセンス制度が往々にして原因にされることである。Ｃ級（アマチュアレベルサッカー指導の基礎を理解している）、Ｂ級（アマチュアレベルサッカーの指導が質高くできる）、Ａ級（アマチュアトップレベル）、Ｓ級（プロ）と、階段を上がっていくのに時間がかかる。そのため、「ライセンスを積極的に取得する気にならない」という受け止めがあるように感じる。確かにそういう面はあるかもしれないが、指導者とは「簡単になれるなら、なってもいいよ」という仕事ではない。ある程度の時間や労力を割いてもらうのはやむを得ず、拙速に過ぎると今度は「促成栽培だ」といった批判も出てくる。そのあたりのバランスは重要だ。

ライセンス取得に優先レーンを採用

自分を例に引けば、現役最終年の契約更改の場で、年俸の話はそっちのけでＢ級ライセンスのコースに通える時間を作りたいと交渉した。ベルマーレのフロントが快く了解してくれ、練習の合間を縫って受講することができた。

当時、現役ＪリーガーでＢ級のコースに通っていたのは私だけだった。現役のうちにＢ級を取得したことで、引退してすぐにバルセロナで研修を積みながらＡ級を取得し、帰国後すぐにS級を受講して、36歳でプロチームを率いられる資格を取得できた。アルビレックス新潟で監督になったのは36歳。ライセンスの取得を早く始めれば、それだけ早くJ1の監督になれる可能性が広がることを、身を持って知っている。

我が身を振り返ると、本気で監督の仕事をするのであれば、取るべきライセンスは取ったほうがいいと断言できる。選手と監督はまったく別の仕事であり、監督気分で選手をやってはいけないし、選手気分のまま監督をやってもいけないからだ。

Jリーグや日本代表で素晴らしい実績を残した元選手に、できるだけスムーズに指導者の階段を上ってもらうために、JFAは日本プロサッカー選手会とも連携していくつかの手を打っている。一例がC級やB級のコースをJリーグがオフシーズンの12月、1月に開催し、受講しやすくしたこと。コロナ禍で開催を見送っているが、欧州各国のリーグはオフシーズンが6月、7月なので、海外組のためにそこでもコースを開くつもりでいる。

一定の条件をクリアした選手に対する優遇措置も採用している。Jリーグで長年にわたり活躍した選手や代表選手は、代表の主力になればなるほどシーズンを通して働き詰めになり、ライセンスを取得する時間的な余裕がなくなってしまう。そういう悪循環を解消する手立てとしての〝優先レーン〟の採用である。

たとえば、C級の取得に関しては、①トップディビジョンリーグ（日本ならJ1相当以上のリーグ）に7年以上在籍している、②国際Aマッチ20試合以上の出場歴がある、という条件のどちらかを満たせば、C級短縮版の特別コース受講を可能にした。特別コースはセーフガーディング、ハラスメント、子どもたちとの関わり方など、ベーシックなカリキュラムが中心。C級に対するハードルは、これでかなり下がると思っている。

B級受講時には「国際Aマッチ20試合以上の出場歴」がある上で、コース修了時の成績が抜群な者に対しては1年の指導経験を免除し、翌年にはA級ジェネラルを受講できるファストトラックを設けることにした。

これまでもA級からS級へ上がる際に、①国際Aマッチ20試合以上の出場歴がある、②プロリーグ公式戦で300試合以上の出場歴がある、のどちらかに該当し、かつA級ジェネラルの成績が優秀なら1年の指導経験を免除してS級を受講できるようにしてきた。これら新旧の優遇措置を連結させると、日本代表として20試合以上のキャップ数を持ち、なおかつB級、A級のコースで優秀な成績を修めた者は、2年分の指導経験をスキップできる。理屈の上ではその分だけ早く、S級が取得できるわけである。

選手のためにも指導者の質を上げる

ライセンス取得に優先レーンを設けることに、色々な意見があることは承知している。「選手時代の実績と指導力は関係ない」というのはそのとおりだし、「名選手必ずしも名監督ならず」という格言もある。しかし「名選手にして名監督」という例も、実はいくらでもある。ペップ・グアルディオラしかり、カルロ・アンチェロッティしかり。

日本代表やJ1で長く活躍するような選手は、お金を払ってもできない経験を積んでいる。その経験や見識は貴重なものだ。そういう人材を少しでも早く指導の現場に立たせることは、次世代に良い種を蒔くことにもつながると確信している。

指導にあまり興味がないという選手には、指導の世界に足を踏み入れると、自分の考えが整理されるメリットがあると言いたい。指導者や指導法への理解が深まり、客観的な視点を持てるようになる。私もB級コース受講で「ボディシェイプ」、「プルアウェイ」などの指導用語を知った現役最後の年が、プレーが一番整理されていた。

ライセンスの取得は、指導者として最低限のことを身につけてスタートラインに立つことを意味する。勝負はあくまでも取得後で、そこから先はクリエイティブに自分なりの監督像を作り上げていくしかない。

やることなすこと全てうまくいった、などという監督は一人もいない。私も失敗から多くを学んだ。「どうしてこんなことができないのか」と選手に苛立って怒るコーチは無能な証拠で、できないことをできるようにするのが指導者である。

どのチームでも素晴らしいサッカーを作り上げるグアルディオラは、本当にアイデアの宝庫と感じる。できないことをできるようにする引出しは、ライセンスを取得した後も学び続けて増やすしかない。

スポーツの世界で高い頂を作るには、裾野を広げることが大事だと言われる。指導者の世界も同じだろう。より多くの指導者が己の信念や哲学に磨きをかけ、競い合うことで、アジアや欧州で活躍する日本人指導者も出てくるはずだ。

指導者の質は日本サッカーの浮沈を握っている。選手を育て、世に送り出すことにおいて、競技人生の入口から出口まで選手と伴走するのは、身内の方を除けば指導者である。選手の人間形成にも大きく関わる指導者の良し悪しは、選手の人生に大きな影響を及ぼす。そういう意味でも本当に大事だし、真理の探究を続ける終わりのない仕事ともいえる。

日本のスポーツ界では「選手は指導者を選べない」と言われる。学校の部活などをイメージすると、自分で好きな競技を選んで入部することはできても、そこにいる顧問の先生を「この人の教え方は自分に合わないから変えてほしい」と注文をつけることは難しい。コーチと選手の関係は、どこか「運命」や「宿命」と受け止めて付き合っていくしかないところがある。教える側と教えられる側の不幸なミスマッチを少しでも減らすために、指導者の質を上げていくことは極めて大事だと思っている。

第5章

サッカーとの関わりを語ろう

©JFA/PR

日本に多大な影響を与えてくれたオシム元日本代表監督。現代の日本サッカーを「語る」上で、この人抜きでは「語る」ことはできない。

⚽2021年9月　JFA創立100周年に寄せて

2021年9月10日、日本サッカー協会（JFA）は創立100周年を迎えた。JFAが「大日本蹴球協会」として産声を上げたのは、元号で言うと大正10年になる。それから昭和、平成と歴史を重ねながら、その時代ごとにサッカー人のさまざまな「夢」があり、自分たちの時代には無理でも次の世代に「夢」の実現を託して、令和の今につないできた多くの〝パス〟がある。そのピュアな気持ちこそ、この百年の間に脈々と受け継がれてきた中で、一番大事なものだろう。

千葉県浦安市の舞浜アンフィシアターで催された100周年を祝う記念式典は、コンセプトに掲げた「過去への感謝、未来への決意」という気持ちのこもった非常に良いセレブレーションだったと聞いている。「聞いている」と言うのは、私は式典に出席できなかったからだ。式典3日前の9月7日、カタールのドーハで日本代表が中国とワールドカップ・カタール大会アジア最終予選を戦った。団長としてチームに随行した私は、帰国後2週間の自主待機に入り、式典は欠席となったわけである。

20世紀を「サッカーの世紀」と呼ぶ人がいるが、確かにこの100年でサッカーは「真のワールドスポーツ」と言えるほど盛んになった。その間に、様々な変化があった。オフサイドのルールは細かく変わり、それに合わせて色々なシステムが生まれ、要求される戦術、技術、フィジカルも格段にハイレベルになった。その様変わりを思うと、これからの100年でサッカーはどのようになっていくのかを想像してしまう。

ピッチ内では、どこかの段階で11人対11人の戦いでなくなっているかもしれない。ゴールは大型化するGKに合わせて、大きくなっているかもしれない。判定はすべてAI（人工知能）が下していることも、十分にあり得る。100年前の人たちがビデオ・アシスタント・レフェリー（VAR）のようなものをまったく想像できなかったように、今の私たちには思いもつかないことが、100年後のピッチで繰り広げられているのでは。サッカーの歴史を振り返ると、そう考えるほうが自然に思えるのだ。

JFAは100歳の誕生日を迎えたが、57歳の私も50年近くサッカーに関わってきたことになる。サッカーを始めたきっかけは、父親の転勤で埼玉県浦和市（現在のさいたま市）から静岡県清水市へ引っ越したことだった。当時の清水はすでに「サッカー一色の町」といった感じで、清水のサッカー情報を網羅した『静岡ユースサッカー』という情報誌まで発行されていた。小学校のクラスでは、男子の半分はサッカーをやるような土壌。清水市立有度第二小学校の3年生となった私は、小島鋼雄先生という素晴らしい方にめぐり合い、サッカーをする喜びと楽しさを植えつけてもらった。

私が子どもの頃、フルタイムでテレビ視聴できる試合は天皇杯くらいだった。おかげで、天皇杯決勝で活躍して優勝することが夢だった。

あるとき、元日の天皇杯で優勝した直後のフジタ工業が、1月15日の成人の日に清水にやって来て静岡選抜と試合をしたことがあった。同時に市内の学校を回ってサッカー教室も開いたのだが、私はフジタの選手だった植木繁晴さんにサッカーを教わり、一緒に図書室で弁当を食べた。その20数年後にベルマーレ平塚（現湘南ベルマーレ）の選手として、植木監督の下でプレーするとは夢にも思わず……。天皇杯優勝チームを清水に呼んでしまう堀田先生の発想力、実行力は素晴らしいものだった。

堀田先生は1978年6月の『静岡ユースサッカー』に、「少年サッカー指導教程」と題し、コーチの仕事を以下のように記している。

「1人ひとりをよく知ること」、「技術の必要性を知らせること」、「他の仕事（注：サッカー以外の学校での授業態度や生活態度のこと）での選手を知っておくこと」、「サッカーのルールを教えること」、「健康状態を常に知っておくこと」、「練習方針がはっきりしていること」、「コンディション作り」、「選手とよく話し合うこと」。

すべて当たり前だ、と思われるかもしれない。しかし、その当たり前のことがなかなかできていないのが実情ではないだろうか。

我が身を省みてもそう思うのだ。清水東高校では勝澤要監督からサッカーの厳しさをたっぷりと仕込まれた。「サッカーは格闘技だ」とおっしゃって、今で言うデュエルの大切さを説かれていた。一方で臨時コーチにセルジオ越後さんやアデマール・マリーニョさんを招いたりして、スキルの重要性にも目配りされていた。そうやって小中高と指導者、育成環境に恵まれたことは、私のサッカー人生に決定的に作用したと思っている。

日本の育成環境では、選手が指導者を選ぶのは難しい。チームに入ってから「自分に合わない」と思っても、簡単に移籍できるわけでもない。だからこそ、当たり外れのない、質の高い指導者養成は大事なのである。ＪＦＡが始めた「ロールモデルコーチ」にしても、まだ現役感が漂う内田篤人や中村憲剛なら若い選手に見本を示せるし、直接触れ合うことで双方にプラスがあると考えてのことだ。

トレンドをキャッチしつつも日本の良さを捨てない

「不易流行」という言葉があるように、サッカーにもどんな時代になっても変わらぬ普遍的な部分と、常に更新を怠ってはならない部分の両方が存在する。

「流行」には戦術のアップデートがある。70年代にオランダやアヤックスを率いたリヌス・

ミケルス監督は、サッカーに革命をもたらしたとされる。74年のワールドカップ・西ドイツ大会で準優勝したオランダの監督で、ヨハン・クライフというスーパースターを擁し、プレッシングによるボール狩りとハイライン、オフサイドトラップを組み合わせて「トータルフットボール」、「未来のサッカー」と絶賛された。それを受け継いだのが、80年代後半から90年代前半に一時代を築いたACミランのアリゴ・サッキ監督だった。

そういうドラスティックな変化はないものの、戦術のイノベーションは今も確実に進んでいる。サイドバックは、かつて右が上がれば左は控えるという「つるべの動き」が基本とされた。今はサイドバックがインサイドに入って、5レーンを意識してプレーするのは当たり前。システムや戦術は「あらかた出尽くした」と言われながら、何かしら新しいものが生まれてくる。

そういう意味でもすごいのは、現在マンチェスター・シティを率いるペップ・グアルディオラ監督だろう。どこへ行っても必ず覇権を握る名将だが、スペインのバルセロナとドイツのバイエルン・ミュンヘンを率いたときでは違うサッカーをした。バルセロナのスタイルをそのまま再現するのではなく、バイエルンにはアリエン・ロッベンやフランク・リベリという素晴らしいウイングがいることからヒントをもらい、多くのパスコースを作るためにサイドバックのフィリップ・ラームをインサイドに入れることを考えた。あくまでも選手ありきである。

「不易」の部分でいうと、スペインの選手たちが頭に浮かぶ。没個性という意味では決してなく、ボールを「止めて」、「蹴る」の水準の高い選手が次から次に出てくる。まるで「金太郎アメ」のようなのだ。

サッカー大国で技術水準の高いプロ選手は大勢いるのに、アンダーエイジの代表選手がそのままフル代表になるケースが多い。コーチングスタッフの選び方も継続性を重視している。だからこそ、チームとしての戦略・戦術が体に染みついているというか、即席でチーム編成しても強みを発揮できる。トライアングルの作り方やビルドアップの仕方、CBのボールの持ち運びを誰が出てもこなしている。

そんなスペインを見ていると、「日本も今後は1―4―3―3のシステムで戦う」と決めてしまいたい誘惑に駆られる。中盤の3人は逆三角形にも正三角形にもなるが、とにかくトライアングルで、と。

しかし、JFAがそうやって決めてしまうことは、クラブからすれば「介入」に映るだろう。私自身もそうすることには抵抗がある。「全員で攻めて全員で守る、攻守の切り替えの速さ」、「1タッチを使ったテンポのいい攻撃」、「ボールホルダーを追い越していく力」という、今でもしっかりと表現できている日本の良さを、絶対に捨ててはいけないと思うのである。

指導者養成では、ドイツの強豪バイエルンを日本人監督が率いる時代が来るようにしたいと思っている。技術委員会の仕事は過去に敬意の念を持ちながら、未来へ向けたアンテナをしっかり張って、一つひとつ精査しながら次の百年の大計を考えるものだ。先人たちが残したレガシーをしっかり受け継いで、時代の最先端のトレンドをキャッチしながら、色々な人の夢を紡いで形にしていく。かじ取りを間違え、誤った航路へ導いたら大変なことになる。すぐには形にならなくても、取り組みの一つひとつが、大地の下で根が広く深く張っていくようなことになっていけばいいと思っている。

今のところマイナーチェンジが多いけれど、未来に向けてタブーを設けず、本腰を入れて様々な議論を重ねていく。自分たちの仕事は「夢先案内人」だと思っている。

2022年6月　欧州で本物の「熱狂」に触れて

4月1日にドーハで行なわれたワールドカップ・カタール大会の組み合わせ抽選会に出席した後、翌2日夜にスペインのバルセロナへ移動した。欧州最先端のサッカーに直に触れて次の潮流を探ることと、日本代表を含む各カテゴリーの代表活動が円滑に運ぶための下準備が主な目的だった。

バルセロナに着くと、すぐにバルセロナの「ラ・マシア」と呼ばれる育成組織を訪ねた。フベニール（17～19歳）に高橋センダゴルタ仁胡という左サイドバックがいて、彼と彼のご家族にお会いするためだった。

高橋は生まれも育ちもバルセロナで、日本に住んだ経験はない。しかし、お母さんが関西出身なので日本語には不自由しない。いずれ国籍を選択する時が来たら、母親の国籍である日本、出生地のスペイン、父親の国籍であるアルゼンチンのどれでも選べる。ラ・マシアでも将来を嘱望される彼のようなタレントは、早晩代表レベルで争奪戦が起こる。それを見越して直接会い、「これから日本代表としてプレーする気持ちはあるか」と意思確認をしたわけである。

彼の返事は「あります」だった。それを受けて、6月にフランスで開かれるモーリス・レベロ・トーナメントのU―19日本代表に招集したのだった。このU―19日本代表には高橋以外にも、DFの前田ハドー慈英、FWの二田理央と、二人の海外組がいる。社会のグローバル化によって今後、海外で暮らすアンダーエイジの日本代表は増えていく。そういう〝金の卵〟の調査・発掘も、我々の大事な仕事の一つと心得ている。

バルセロナの練習場では、懐かしい顔にも会った。私が指導者の勉強をするためにコーチ留学をしていた頃、Bチーム（2軍）にいたイバン・クアドラードである。のちにレジェンドとなるカルレス・プジョルより先にカンプ・ノウでデビューを果たしたほど、将来を期待されたDFだった。選手としてのキャリアを中国で終えて指導者に転じ、現在は古巣でフベニールのコーチを務めている。

「俺のこと、覚えてる?」といった会話から始まり、「アンダーカテゴリーの代表に選手を招集する時は協力してくれよ」と頼んだら、「うちの育成組織にはアメリカ人もウルグアイ人もいる。全然問題ないよ」と受け止めてくれた。それから施設を見させてもらったが、リハビリルームはもはやクラブの域を超えていて、完全に病院のようだった。施設内では鹿島アントラーズ出身でバルセロナB所属の安部裕葵に会い、リハビリのノウハウを教えてもらった。

バルセロナの次に訪ねたのはマドリード。バルセロナの練習環境を「すごいなあ」と感心しながら眺めていたが、「シウダード・レアル・マドリード」と呼ばれるライバルの施設はそれ以上のスケールだった。ピッチの数を比べてもバルサの8面に対し、レアルは12面。そこではレアル・マドリード・カステージャに所属する中井卓大の練習を視察した。

ハードとソフトのクオリティが成功につながる

マドリードではJFAと提携関係にあるスペインサッカー連盟を表敬訪問し、スポーツダイレクターのフランシスコ・モリーナ氏に会った。ワールドカップ・カタール大会の抽選で日本とスペインが同じグループに入った直後だったから、話題は当然そこになった。元スペイン代表GKのモリーナSDには「アンダーカテゴリーの交流をもっと活発にしたい」と申し出て好感触を得た。そして「ドーハで会おう」と約束して別れた。

スペイン連盟のトレーニング施設はホテル、レストランが併設され、敷地内ですべてが完結する立派なものだった。我々も高円宮記念JFA夢フィールドという素晴らしい施設を持ち、アジアの中で頑張ってトップレベルに君臨しているが、クラブと同じく協会にも「ビッグ」としかいいようがない組織がある。そして、チャンピオンズリーグやワールドカップを勝ち上がるようなチームは、突き詰めればハードとソフトの両面でクオリティをどんどん高め、色々な要素を複合的に絡めて総合力で成功をつかんでいることが実感できた。

欧州サッカー連盟は他大陸との親善試合はほとんど組まず、ワールドカップ予選やユーロ予選、ネーションズリーグなど自分たちの公式戦で日程を埋めている。ワールドカップ・カタール大会で日本と同じグループに入ったドイツにしても、本当は日本対策として韓国などとテストマッチを組みたいはずだが、スケジュールに隙間は無いのが現状だ。

欧州勢が自分たちだけで切磋琢磨するやり方は、彼らにとっては問題ないかもしれない。だが、アジアの我々にとっては由々しき事態である。26年のワールドカップ・北中米大会では、出場国の増加に伴いアジアの出場枠は「8・5」に拡がる。そうなると今までと同じようなアジア予選の形式でいいのか、きちんと検証する必要があるだろう。19年から21年にかけて開催されたワールドカップ・カタール大会アジア2次予選のように、大差の試合ばかりになると「本当に強化になっているのか?」、「もっとアジア全体のレベルを上げる予選のやり方はないのか?」と思わざるを得ない。今後は日本発の提言もアジアサッカー連盟にしていきたい。そうしなければ、欧州との差は開く一方になってしまうだろう。

話を旅に戻そう。マドリードからバレンシアへ飛び、そこから車を2時間ほど走らせてカルタヘナに向かった。岡崎慎司に会うためだった。彼とはそれ以前にオンラインで話していて、選手育成などについて有意義な意見交換ができた。そのお礼を兼ねた訪問だった。

岡崎が所属するカルタヘナの好意で、ビルドアップとセットプレーに特化した練習を全て見させてもらったのも刺激になった。岡崎も充実した日々を過ごしているようだった。

その日の夜、ビジャレアル対バイエルンのチャンピオンズリーグ(CL)準々決勝第1戦を観戦した。週末に国内リーグ、週の半ばにCLやヨーロッパリーグ(EL)がある欧州では、毎日のようにサッカーを楽しめる。日本でそれらの試合をすべて追うと寝不足で身体がおかしくなってしまうが、欧州にいれば時差がないので本当に心ゆくまでサッカー漬けの日々を過ごせる。

ビジャレアルのコンパクトなディフェンスは、「ここまでやるか」というくらいに徹底していて、バイエルンを見事に1対0で下した。その興奮も冷めやらぬうちに、翌日はEL準々決勝第1戦、フランクフルト対バルセロナ戦に備えてドイツに飛んだ。先発した鎌田大地のワンタッチプレーがフランクフルトの攻撃に良い流れを生んでいたのが印象的だった。

フランクフルトでは長谷部誠が滞在先のホテルまで来てくれ、彼が受講しているドイツの指導者養成の話をしてくれた。フランクフルトでプレーしながら、指導者の階段を一歩ずつ上がっているのが頼もしい。

4月8日は遠藤航、伊藤洋輝がいるシュツットガルト対ボルシア・ドルトムント、翌9日は板倉滉がいるシャルケ対ハイデンハイム、10日は三笘薫が所属するユニオン・サンジロワーズと鈴木武蔵がいるベールスホットの試合を観た。その後、欧州拠点のデッセルドルフからマドリードに戻り、11日はラージョ・バジェカーノ対バレンシア、12日はレアル・マドリード対チェルシーのCL準々決勝第2戦を見た。レアルは延長の末に2対3で敗れたが、2戦合計では5対4と上回って準決勝進出を決めた。このラウンドになると、CLの戦いは異次元というレベルに達する。

その後残念なことに、新型コロナウイルスに罹患してしまった。イタリアへ行ってアタランタとライプツィヒのＥＬ準々決勝第２戦、16日にジェノアで吉田麻也所属のサンプドリア対サレルニターナの試合を見る予定だったが、すべてキャンセルせざるを得なくなってしまった。吉田に会うこともできなくなってしまった。

陽性判定されてからは、マドリードのホテルで缶詰め状態となった。発熱から５日間は部屋から出ず、６日目に熱がなければマスクをして外出してもいいとの指示を受けていた。幸いにも、高熱に苦しむことはなかった。

スペインの「矛」とドイツの「盾」

スペイン、ドイツを中心に視察しながら、お国柄の違いのようなものを感じた。

たとえば、ゴールキックからの試合再開について、スペインのチームはパスをつなぎながらハーフラインを越えていく組み立てに、かなりの時間を練習で割いていた。実際に試合を見ても、スペインのチームは相手のプレスのかけ方に応じてボランチが落ちる位置を細かく変え、ワンパターンにならないようにする。

一方、ドイツのチームはいかにハーフラインを越えさせないかに腐心する。相手ゴールキックからマンマークでついてビルドアップを徹底的に阻みにかかる。いわばスペインは「矛」の発想から入り、ドイツは「盾」の発想から入ると言えばいいだろうか。日本は今回のワールドカップで、その「矛」と「盾」と戦わなければならない。

それぞれのチームがどういうサッカーをしたいのか、1試合だけでも生で見ればそれなりに戦略がつかめる。CL第2戦のレアル対チェルシーでいえば、チェルシーは1対3で敗れた第1戦を踏まえ、よく考え抜いたビルドアップで逆転を狙ってきた。2トップを真ん中ではなく時にワイドに張らせたりして、それで先制点を奪うのに成功した。

チェルシーは直前にプレミアリーグの試合があり、中2日でレアル戦に臨んでいた。それでも普段やっている自分たちの戦術とは別の、レアル用に編んだゲーム戦術をきちんと消化して試合に出してきた。これは本当にすごいことだろう。監督の話が右耳から入って左耳から抜けるような選手では、絶対に無理なことだ。個人能力には色々あるが、監督のオーダーに即応できるのも必須な要素と言える。

監督は監督で、少しでも勝てる確率の高いものを緻密に追究する。そんなこだわり、指導者の色を濃厚に感じもした。強豪バイエルンを相手にアウェイの準々決勝第2戦を1対1で逃げ切ったビジャレアルのウナイ・エメリ監督も、そういう意味で色の濃い監督だと思う。

欧州のタイトルがかかった試合をメモしながら見ていると、あっという間に３枚、４枚と増えていく。そのインプットをダイレクトにアウトアップできないのはストレスで、すぐに練習に反映できる監督という仕事に就いている人たちがうらやましくなった。

ＣＬでもＥＬでも、さらには各国リーグでも、欧州のスタジアムはコロナ禍前に戻っている。声出しもＯＫだから、タイトルがかかった試合になると殺気立った雰囲気になる。サポーターがスタンドで作るコレオグラフィーもよく考えられており、見た瞬間に感情に訴えてくるものもあった。

そういう雰囲気に包まれたら、選手もフルパワーでやらざるを得ない。指導者がモチベーションを上げるとかではなく、選手が自然にマックスの状態で試合に入っていける。

21年10月のワールドカップ・カタール大会アジア最終予選、対オーストラリア戦でも、埼玉スタジアムに日本代表の選手、スタッフを乗せたバスが入っていくと、大勢のサポーターが出迎えてくれた。感染対策のルールに従ってフラッグを振ったり、手を叩いたりしてくれた。そういう気持ちが伝わると、我々の胸も自然に熱くなる。そういうことが、すべての試合に日常的にあるのが欧州のサッカーなのだ。

シュツットガルトが１部残留を決めた試合もテレビで観た。遠藤の決勝点が決まった後の騒ぎは凄まじく、遠藤も伊藤も乱入したサポーターにキスされまくっていた。

あの試合で2部降格が決まっていたら、選手たちの扱いは天と地ほど違ったはずだ。選手たちは本当に、「生きるか死ぬか」の日々を過ごしている。そこにあるのは本物の熱狂であり、その熱さはサッカー選手のバックグラウンドに絶対に必要なものだろう。

どうすれば、日本のサッカーにもそんな熱を定着させることができるのか。1日でも早く、コロナ禍になる前の姿を取り戻さなければ――旅先で色々なことを考えつつも、思いはいつもそこへ行き着くのだった。

⚽2022年6月　オシムさんの葬儀に参列して

22年5月1日に80歳で逝去されたイビチャ・オシムさんを、私は親しみをこめて「お父さん」と呼んでいた。それはオシムさんが指揮をしていた当時のジェフユナイテッド市原（現千葉）のコーチの方々も同様である。

オシムさんが日本代表の監督になった06年夏から、私はオシムさんの下でアシスタントコーチをしながら、08年の北京五輪を目ざすアンダーエイジの代表チームを率いた。オシムさんが07年11月16日に志半ばで脳梗塞に倒れたことで、私たちの師弟にも似た関係は強制的にピリオドが打たれた。それでも、わずか1年ほどの間にオシムさんから得た学びは、計り知れないものがある。その濃密な時間を振り返ると、いくら感謝してもしきれない思いと、師を失った悲しさがよみがえる。

5月14日の追悼式並びに葬儀に参列するため、私はボスニア・ヘルツェゴビナの首都サラエボを訪れた。式当日の天気予報は大雨で、前日は雨が降って雷まで鳴っていたが、当日は抜けるような青空が広がり、私の心をいくらか軽くしてくれた。

午前11時からの追悼式は、同国サッカー協会とオシムさんが選手、監督として関わったクラブ、ジェレズニチャルが主催し、しめやかに行なわれた。会場となったサラエボの国立劇場にはサッカー関係者のみならず、政財界人や文化人も大勢集まり、故人の遺徳を偲んだ。

会場ではオシムさんの現役時代の勇姿など、過去の映像が次々に流された。親族の席にはオシムさんの奥様、アシマさんがいらっしゃった。その憔悴した姿に胸が痛んだ。「ＪＦＡの田嶋幸三会長をはじめ、日本代表の通訳だった千田善さんら多くの日本人が、感謝と追悼の気持ちでいます」と伝えると、夫人は「ありがとう」と答えるのが精いっぱいという感じだった。私もそれ以上の声かけはできなかった。

11人の関係者が弔辞を述べた。ジェレズニチャルの会長や元クロアチア代表のズボニミール・ボバン氏らに続いて、私も8番目に英語でオシムさんに感謝と哀悼の言葉を捧げた。オシムさんの下で働き、ＪＦＡ技術委員長という巡り合わせで私にそういう機会が回ってきたことに、縁を感じずにはいられなかった。

追悼式を終えると、サラエボ郊外の墓地に向かい、埋葬に立ち会った。追悼式の会場はスペースに限りがあり、招待者しか中に入れなかったが、墓地には大勢の人々が集まり、オシムさんに最後の別れを告げた。棺の形に穴が掘られた場所に、ジェレズニチャルの選手たちが棺を運んでゆっくりと置いた。アシマ夫人や息子のアマルさん、お孫さんたちに続いて私も棺に向かって土を投げ入れた。最後は沢山の花々の上に日本代表のユニフォームを供え、手を合わせ、ご冥福をお祈りした。

葬儀を終えてホテルに戻ると、17時を回っていた。テレビをつけるとボスニアの国営放送はロシアのウクライナ侵攻のニュースより先に、オシムさんの葬儀を報じた。日本時間では夜中の12時を過ぎていたので、田嶋会長、ジェフと日本代表でコーチとしてオシムさんに仕え、薫陶を受けた小倉勉、江尻篤彦、千田さんらに、葬儀の模様を収めた写真を添えて「お別れと感謝の言葉を述べてきました」とメールで報告した。YouTubeで葬儀の模様を見ていた千田さんからは、すぐに「いいセレモニーでしたね」と返事が来た。

ホテルの部屋で黒いネクタイを外した途端、国葬と表現してもおかしくないくらいの葬儀

本人提供
オシムさんの葬儀にて。言うまでもなく、母国ボスニア・ヘルツェゴビナでも英雄であった。

に参列した緊張感が一緒にほどけたのだろう、オシムさんとの思い出が次々に脳裏に浮かんでは消え、自然と大粒の涙があふれ出た。それから30分くらい、一人ですすり泣いた。

異文化が融合するサラエボで腑に落ちた

葬儀の前々日に到着してから葬儀の翌日まで、時間があるとサラエボの街を歩いた。1990年代に起きたユーゴスラビアの解体と内戦の爪痕とおぼしき銃弾の跡がまだ残り、84年のサラエボ冬季五輪のモニュメント塔が立つ場所は、内戦で亡くなった戦没者の墓地になっていた。ヒジャブをかぶったイスラム系の女性を多く見かけ、夕方には街にコーランが流れた。モスクもあちこちにある。サラエボは私が想像した以上に異文化が融合した場所だった。オシムさんの人間としての幅の広さ、懐の深さは、こういう環境で育まれたのだと腑に落ちるものがあった。

ジェレズニチャルのスタジアムにも足を運んだ。そこもまたオシムさんの足跡が染み込んだ場所だった。どこに行ってもオシムさんの存在を感じながら、私は「なぜ、オシムさんが生きている間に会いに行こうとしなかったのか」と激しく悔いた。自分が恥ずかしくなるくらいに、それが心残りだった。

脳梗塞に倒れ、病院関係者の努力で一命を取り留め、過酷なリハビリテーションを経て回復したオシムさんが、日本を離れたのは09年1月4日のこと。オシムさんを見送ろうと、サッカー関係者や300人ほどのファンが成田空港に詰めかけた。私もその一人だった。日本のファンの熱い思いに触れて、心が動きすぎたのか。ふらふらになったオシムさんは最後、車椅子に乗せられて機上の人となった。それが、私が見たオシムさんの最後の姿になった。

親と子の関係に似て、その気になればいつでも会えると思っているうちに、再会の機会は先延ばしになった。20年11月にオーストリアのグラーツで日本代表がパナマ、メキシコと強化試合を組んだ時、ついにオシムさんに会えると思った。ジェフの監督になる以前、シュトゥルム・グラーツを率いてCLに3度も出場したオシムさんは、オーストリアでも有名人で自宅もグラーツにあった。

しかし、再会の希望はかなわなかった。新型コロナウイルスの感染拡大により、高齢のオシムさんに会うのはリスクが大きすぎたのである。目と鼻の先の距離にいるのに、会いに行けないもどかしさ。日本代表の練習を屋外で見てもらうのも難しい状況だった。「私が自宅の前まで一人で行くので、窓から手を振ってください。それをあいさつに代えましょう」という話もしたが、「そこまですることはない」と止められた。「変なアジア人がコロナを持ってきたと言われるぞ」という毒舌付きで。それもまた、オシムさんらしかった。

選手生活に別れを告げたあとの私は、指導者ライセンスを取得するとコーチの経験なしにいきなり監督業に飛び込んだ。アシスタントコーチの経験は、オシムさんと過ごした日本代表時代しかない。

監督会見での態度について、こっぴどく説教されたことがある。北京五輪2次予選で香港に勝った後、「今日はまったくダメでした」と話したら、「チームのパフォーマンスに監督が悪口を言ってどうする」と1時間くらい懇々と諭された。あの怖い顔ですごまれながら、である。その後、監督としてキャッチーな言葉を発信するようになったのは、明らかにオシムさんの影響だ。オシムさんは決して独裁の人ではなく、選手選考でもこちらが真剣に考えたことにはしっかり耳を貸してくれる人だった。

オシムさんが脳梗塞で倒れたことは、ベトナムのハノイ滞在中に聞いた。北京五輪最終予選のベトナム戦に備え、アウェイの地へ赴いていたのだった。団長の大仁邦彌さんから伝えられ、オシムさんのもとでプレーしていた水野晃樹と水本裕貴を呼んで、「オシムさんが倒れた」と告げるのはすごくつらかった。それでも、ベトナムに4対0で勝ち、続くホームのサウジアラビア戦に引き分けて日本の4大会連続の五輪出場が決まった。

脳梗塞の危機的状況から脱し、意識が戻ったオシムさんが「五輪予選はどうなった？」、「出場を決めたのか。それは良かったたな」と気にかけてくれていたことを、後に人づてに聞いた。

オシムさんがオーストリアへ戻った後、その近況は雑誌のインタビュー記事などで知る程度になった。記事のなかで「そういえば、反町は今、何をしているんだ」と聞き手に逆質問するようなことがあり、いくつなっても私のことを心配してくれているのかと心苦しく、ありがたい気になった。オシムさんが元気な間に会って、嫌みのひとつ、ふたつも言われたりしながら、無沙汰を詫びたかったと本当に思う。

「しょうがない」、「気持ちを切り替える」が大嫌いだった

イビチャ・オシムという監督を初めて意識したのは、私がアルビレックス新潟を率いてJ1に昇格した04年シーズンだった。オシムさんはジェフの監督になって2年目。就任1年目にジェフを第1ステージ3位、第2ステージ2位、総合3位までジャンプアップさせたことで、その指導力が注目される存在になっていた。

初対戦は4月18日、場所は東京・国立競技場ながらジェフのホームゲームだった。新潟は1対2で敗れ、8月21日のホームゲームは3対3で引き分けた。

分析のために試合の映像を見て、面食らったことを覚えている。ひと言でいうと「怖いな」

という印象。どこからでも選手が湧いて出てくる。テレビの画面右から左、左から右、後ろから前にフレームインしてくる選手はたいていジェフの選手。戻りも速い。その速さが局面で常に「＋1」を作り出し、攻守とも常に数的優位にしてくる。「どういう練習をしているんだ？」と即座に思った。

ジェフとは05年シーズンも1分1敗と、どうしても勝てなかった。印象に残るのは05年7月9日の市原臨海競技場で戦った試合で、エジミウソンのゴールで先制したが追いつかれ、その後勝ち越したもののまたすぐに巻誠一郎のゴールで同点とされ、後半終了間際の失点で2対3の逆転負けを喫した。非常に蒸し暑い中で、最後まで足が止まらないチームに驚かされた。

後日、オシムさんに仕えた江尻コーチに聞くと、オシムさんはこの試合翌日、失点と同じシチュエーションを再現し、どうやったら防げたかという練習を30分以上もやったそうだ。試合に勝ってもこうした状況だから、負けた場合はなおさらである。日本代表でオシムさんの通訳を務めた千田さんも言っていた。「オシムさんは『しょうがない』、『気持ちを切り替えよう』という言葉が大嫌いだった」と。

全力を尽くしたから負けて良しとするのではなく、負けの中身をしっかり精査して次の練習や試合につなげる。そうしないと問題は何一つ改善しない。当時のジェフの内情を知る関係者によると、負けた試合の後は1時間くらい説教されるのは当たり前だったらしい。帰りのバスの中で、その負けた試合の映像を流したという。

勝ちと負けでは天と地ほど違うというメッセージを、オシムさんは監督として送り続けたのだと思う。これは、簡単なようで根気の要る作業だ。弱いチームほど負けに慣れ、監督がいきり立っても「暖簾に腕押し、糠に釘」みたいな状態になり、そのうちに監督の気力が萎えてしまうものだから。

代表のアシスタントコーチになる前に、オシムさんの「熱」に触れたことがある。04年7月にオールスターサッカーが新潟のビッグスワンで開催された際、私はファン投票でJ－EASTの監督に選ばれてしまった。コーチはオシムさんである。「いやいや、逆でしょう」と言いたいところだが、ファン投票だからしかたない。

前日に顔合わせした時は「君の好きなようにやればいい」と言っていたが、ハンドパスでウォーミングアップをやっていたら急にオシムさんが怒り出した。「なんでサッカーなのに手でやるんだ」、「こんな練習じゃ勝てないぞ」と。「オールスター戦ですよ」、「お祭りですよ」と言い返したかったが、オシムさんの顔が真剣なので口ごもってしまった。サッカーの試合となると、〝お父さん〟は常に真剣勝負なのだ。

翌05年のオールスターもそうだった。東西の境界線はその年のJクラブの分布図によって変わり、新潟はJ―WESTに組み込まれた。私は監督で、コーチはガンバ大阪の西野朗監督。J―EASTの監督はオシムさんで、コーチは浦和レッズのギド・ブッフバルト監督。

私の記憶では試合前日の公式練習は公開されていて、我々は2タッチゲームに私や西野さんも入って和気あいあい。その隣のコートで、オシムさんは選手に多色のビブスを着せて走り回らせていた。コーチのギドをドイツ語で叱りつけながら。私はしみじみ「別のチームで良かった」と思った。

「ユーゴスラビアで代表選手を集めた時は…」

01年から05年まで新潟の監督を務め、かなり燃焼した感じがあった。充電が必要だった。06年はテレビで解説の仕事をするようになり、ワールドカップ・ドイツ大会の解説陣に加わった。ミュンヘンに滞在している時だった。JFAの田嶋技術委員長（後にJFA会長）からコンタクトがあり、北京五輪を目ざすチームの監督をやってもらいたいと打診された。兼任で日本代表のアシスタントコーチもやってほしい、と。重責だなと思いつつ、コーチ兼任となればボスが誰なのかは気になる。その答えを聞いた瞬間は、本当に背筋と手足に電流が走ったというか、武者震いが起きて興奮が収まらなかった。

日本代表監督としてのオシムさんの船出は、06年8月9日のトリニダード・トバゴとのテストマッチだった。そこから16日のイエメンとのアジアカップ予選へ続く連戦。最初の試合に向けて、オシムさんが発表したメンバーはGK川口能活ら13人だった。同時期に開催されるA－3選手権や海外遠征のためにジェフ、G大阪、鹿島の選手を招集できなかったという事情はあるにせよ、かなり異例の事態だった。

理由はもちろんある。オシムさんが「直前までJリーグを見ずに、その前の段階で選出するのはおかしい」と主張したからだった。直近の試合でケガをするかもしれないし、調子を落としているかもしれない、と。しかし、チームの総務担当からすると、試合はお盆の時期で、移動も大変だから可能な限り早めにメンバーを決めてもらい、諸々の手配がしたい。「そんなギリギリまで発表を遅らせたら、選手は定められた日に全員集合できないですよ」、「新幹線だって乗れないです」と訴える。

そんな反論に、あの〝お父さん〟は何と言ったか。今も忘れられない。

「夜中に車で移動すればいいだろう。マネージャーが運転すれば、本人は寝て移動できるだろう。ユーゴスラビアで代表選手を集めた時は、昼間は戦争をしていて、夜に停戦して戦車が止まっている間に選手は自分で車を運転してきたんだよ」

その場がシーンとなった。平和ボケの日本との落差というか。私も、同僚だった大熊清コーチも、「分かりました」と答えるしかなかった。後日、さらに5人のメンバーが追加発表され、何とかチームとしての体裁は整ったのだが。

誤解のないように言い添えておくと、オシムさんは偏屈だったわけではない。仕事への精魂の傾け方が半端ではないので、それが時に周囲とのズレを生むだけだった。メンバー選びにしても、JFAハウスに朝10時に集合し、午前中は日本代表、午後は五輪代表の選考に充てるつもりでスケジュールが組まれる。ところが、オシムさんは日本代表の選考だけで丸1日かかってしまうことがあった。

本人はJリーグから海外の試合まで夜通しで観ていて、選考対象の「あの選手の何分のプレーをどう思う?」と質問してくる。「観ていません」とは言えないから、こちらも気が抜けない。「最終的にどちらが今回の招集にふさわしいと思うんだ?」と聞かれ、もごもごしていると机を叩いて「はっきりしろ!」となる。オシムさんが怒るのは、相手が自分と等量の熱を持って仕事をしていないと判断した時だった。

打ち合せと違うトレーニングを始める

ジェフのコーチに話を聞くと、オシムさんはいつも練習開始時間のギリギリにピッチに現れたそうである。クラブハウスに寄らないでジャージのまま車から降りてピッチに入っていったそうだ。ポケットに柿の種を入れて、指導しながらポリポリと食べていることもあったそうだ。好物だったのだ。

それを聞いた私は、オールスターの時に『アルビレックス新潟 勝ちの種』という名の柿の種を箱ごとプレゼントした。オシムさんはとても気に入ってくれた。「おまえは今までで一番気の利いたスタッフだ」と褒めてくれた。オシムさんは甘党でもあった。脳梗塞のリハビリテーションの間、週に2回はケーキを持参して、お見舞いがてら色々な話をさせてもらったものである。

それはさておき、オシムさんは練習にも妥協はなかった。遠征で現地入りすると、そのまま到着時間に関係なく練習を課すことがあった。困ったのは練習前に我々スタッフと細かい打ち合わせをしないこと。メニューはオシムさんの頭の中にあり、練習が始まるタイミングで天候やピッチの状態、選手の様子を見て変えることもあるから、事前に確認しても意味がないというのである。

ボールの用意とか、ラインをどう引くか、ゴールやミニゴールをいくつ用意してどう置くか、GKはフィールドプレーヤーの練習に何分くらいから入るとか、スタッフとして事前に知っておきたいことはたくさんある。そういう下準備を、させてくれないのだ。「ビブスだけたくさん用意しておけ」。本当にそんな感じだった。トレーニング内容をどうしても聞きたいので、ホテルから練習グラウンドへ向かうバスの中でノートを開いて、私と大熊コーチ、通訳の千田さんでオシムさんに質問する。オシムさんはこういう練習をしようと言って我々が用意したノートにサラッと5つぐらい書く。ところが、グラウンドに着くと、打ち合わせと全く違うトレーニングを始める。

07年のアジアカップで1か月ほどベトナムに滞在したが、あらかじめ記述したとおりのトレーニングは1回しかなかったと記憶している。だから私のトレーニングノートは、実施されなかったメニューで埋め尽くされた。

少人数でトレーニングをしているときは2組に分かれ、1つのグループはオシムさんが、もう1つのグループは私が見る。10人ずつ2組に分かれる練習では、オシムさんが3対3+4フリーマンのトレーニングをスタートさせる。それにならって私の担当のグループも同じトレーニングをスタートさせる。しかし、オシムさんはすぐにビブスを取らせて4対4+2フリーマンに変える。伝令役の小倉勉コーチが急に「ソリさん、変わったよ」と言うので、すぐにこっちも変える。変えたときには、オシムさんのグループは6対6のトレーニングをやっている。「あれっ、増えた!」と思ったら、GKを入れたりしている(GKもよく走らされていた)。

こうしたオシムさんのインプロビゼーションに最初は中々ついていけず、あたふたする私をチラ見するオシムさんの視線が、「お前、何をやっているんだ」という感じで痛い。そんなことの繰り返しで、選手にも「ソリさん、大変ですね」と同情された。最後のほうは半ば諦めて、私も自分のアイデアでやっていたこともあった。羽生直剛、阿部勇樹、佐藤勇人らジェフでオシムさんに鍛えられた〝チルドレン〟たちが、監督の意図、練習の流れを時に教えてくれた。「ここでボールホルダーを追い越す走りを強調しないと、監督に怒られますよ」といったぐあいである。お恥ずかしい話だが、随分と助けられた。

©JFA
短かったが、掛け替えのない時間だった。

「ブラボー!」と言われたとおりにやると…

そんなオシムさんが、私の言うことを聞いてくれた希少な経験がある。07年のアジアカップでのＰＫ戦である。

90年のワールドカップ・イタリア大会の準々決勝で、オシムさん率いるユーゴスラビアは、あのディエゴ・マラドーナを擁するアルゼンチンにＰＫ戦で敗れてしまった。それがトラウマになったのか、この仕組みを忌み嫌っていた。私はオシムさんに進言した。

「グループステージを終えてノックアウトステージに入ると、ＰＫ戦が発生します。練習をしておきましょう」

オシムさんは「私はＰＫ戦が嫌いなんだ」と取り合わない。勝負がかっているので、これぱかりは譲れないと強く主張したら、やっとＯＫが出た。初めて私の言うことを採用してくれた感じだった。練習の終盤にオシムさんは「おいっソリ、ＰＫの練習をやれ！」と言い、早々と木陰に入って水を飲みながら休んでいたのを思い出す。アジアカップ準々決勝で日本はオーストラリアをＰＫ戦で下したが、これは事前の準備が生きたと今も思っている。ＰＫ戦の順番は私が決めた。先頭から中村俊輔、遠藤保仁、駒野友一、高原直泰、中澤佑二。高原は失敗したが、残り４人が決めて４対３で勝った。

ＰＫ戦になるとベンチから去ってロッカールームへ引きこもったオシムさんに、「勝ちました」と伝えに走ったら「雰囲気で分かるよ」と言われた。「この、へそ曲がり」と心の中で思った。

監督に必要な条件のひとつに、経験値があると思っている。だから引き出しがたくさんある人が良い。オシムさんはサッカーにおいても人生においても、酸いも甘いも噛み分けた、何でも分かっている人という感じだった。

数字とかパズルとか組み合わせとか、数学的思考に長けている人だった。「ラミー」というトランプゲームが好きで、暇を見つけては我々スタッフと興じた。トランプをしながら「こういうメンバーで先発を組んだらどう思う？」などと質問してくるのだが、ゲームは常に一人勝ち状態。麻雀を覚えたら相当な雀士になったと思う。

オシムさんの練習において、フリーマンはピッチのニュートラルな位置にいてパスをさばく選手ではなく、タイミングのいい走りで数的優位を作る存在だった。ボールを保持する側の味方として後ろから追い越す存在になるべきところで、少しでもサボるとペナルティとしてピッチの外を周回させられた。一方で、2列目、3列目からボールホルダーを追い越すような走りを見せると、「ブラボー！」と褒める。ゴールが決まった時もシュートを打った選手より、オフ・ザ・ボールの動きで数的優位を作った選手をきちんと褒めた。

普段は厳しい人だから、褒めるとハートに響く。ビブスの色と同時にタッチ数も細かく制限されていたから、ワンタッチパスを正確に入れられる選手は「ブラボー！」と褒められることが多かった。そうやって練習で褒められたことをそのまま試合で出すと、おのずといいサッカーになるのだった。

オシムさんが日本代表の監督だった当時は、海外組がそれほどいなかった。07年のアジアカップでは、セルティックの中村俊とフランクフルトの高原だけだった。選手を集めて練習するのが好きなオシムさんには、それが好都合だったと思う。

練習はほとんどが攻撃だったことも、特記すべきかもしれない。守備練習は試合当日の試合会場でやる程度だったので、DF陣は不安をこぼしていた。

最終ラインに加地亮、中澤、阿部、駒野を並べ、その前に鈴木啓太と中村憲剛のダブルボランチという4+2のブロックだけで練習する。加地は試合直前の練習できっちりクロスを上げたいルーティーンがあるのに、そういう個人的な事情はすべて棚上げされ、サブ組にアタッカー役を務めてもらいながら6人で本番直前に守備の練習をしなければならなかった。ジェフから一緒にやっていた江尻、小倉の両コーチに言わせると「ジェフでやっているのとは守り方は違う」というから、代表でどういう守りを最終的にやらせるつもりだったのかは最後まで分からなかった。

オシムさんの青写真では、ある程度攻撃が熟成してきたら守備を整理するつもりだったのだろう。私は北京五輪予選の間は、伊野波雅彦を真ん中にした3バックを採用した。両脇には水本、青山直晃らを使った。五輪本番では長友佑都、内田篤人のようなサイドバック向きの人材が出てきたので4バックへ移行した。日本代表と五輪代表でシステムやフォーメーションに違いがあっても、オシムさんは「同じサッカーだろう」と気にしなかった。

オシムさんが日本代表の監督を引き受けた理由を、折に触れて考える。ジェフの監督をしながら、日本代表の試合を見ながら「日本のサッカーはもっとできる」と肌で感じていたのだと思う。その頃の日本代表が日本人の特性を100パーセント引き出していたら、おそらく代表監督の仕事を引き受けることはなかっただろう。ジェフでの仕事を終えた後、別のチームで監督をすることもなく、そのまま勇退した気もする。

オシムさんがJFAのオファーに「イエス」と言ったのは、自分なら日本の力をもっと引き出せるし、長年にわたる指導者人生の集大成に値すると思ってくれたからではないだろうか。指導者人生の最後を賭けてやる、と。その意気込みをオシムさんが直接的に口にすることはなかったが、私を含めたスタッフは誰もが猛烈にそれを感じていた。

そして、オシムさんは日本人のことを本当にリスペクトしてくれていた。日本人のコーチを育てることにも熱心で、自分の身内や友人、知人を集めて組閣するようなことはしていない。もしそうしたとしても、オシムさんなら誰も文句を言わないのに。

私がオシムさんから受け取ったものが、今の自分を作ったといっても決して過言ではない。今となってはご本人に恩返しをすることはできないが、オシムさんから学んだものを後に続く者に伝えることはできる。そういう営為をこれからも続けることを誓って、オシムさんへの精いっぱいの手向けの花としたい。

2023年10月『ダイヤモンドサッカー』と金子勝彦さん

日本のサッカー放送史を語る上で、『ダイヤモンドサッカー』という番組は絶対に欠かせないだろう。その番組を解説の岡野俊一郎さんとともに名調子で支えたアナウンサーの金子勝彦さんが、23年8月20日に88歳で亡くなられた。謹んでご冥福をお祈りするとともに、この伝説の番組が与えた影響の大きさについて、我が身に照らして考えてみたい。

ダイヤモンドサッカーの第1回放送は、1968年4月13日だった。64年3月生まれの私は4歳になったばかりで、もちろん記憶にない。カードはイングランドリーグのトッテナム・ホットスパー対マンチェスター・ユナイテッド。実際に試合が行なわれたのは1年前の9月で、およそ1年半遅れての放送になったが、トッテナムにはGKパット・ジェニングス、ジミー・グリーブズ、マンUにはボビー・チャールトン、ジョージ・ベスト、デニス・ローといった一時代を築いたスター選手が先発に名を連ねていたから、番組を見た人は猛烈に感動したそうである。

番組を放送したのは東京12チャンネル（現在のテレビ東京）。最初は毎週土曜日の15時から16時という時間帯で、『イギリスプロサッカー』というタイトルだった。68年10月の番組編成の改編を機に『三菱ダイヤモンドサッカー』となった。その際にJFAが「プレーしている選手たちが視聴できる時間帯にしてほしい」と要望し、放送時間を日曜日の午前10時へ移したという。

その後さらに、月曜日夜10時へ移動した。1時間の枠で90分の試合を放送するのは無理なので、1試合を前後半に分けて2週で放送する形がとられた。今なら信じがたいだろうが、当時は海外の試合がテレビで見られるだけでありがたかった。

私がこの番組の存在を知ったのは、小学5、6年だった。地域によっては放送されないところもたくさんあったから、私が育った静岡はさすがサッカーどころと言える。

静岡地区での放送は、夜中の23時45分からだったはずだ。視聴契約さえすれば欧州各国のリーグ戦をライブで観られる今と違い、当時はダイヤモンドサッカーが外に開かれた唯一の窓だった。ビデオデッキという録画機能がついた家電が普及する前なので、オンタイムでテレビの前にいないと観られない。親に「早く寝なさい」と叱られながら、眠い目をこすって一生懸命に観ていた。ちなみに放送時間は私が中学から高校へ上がるころに、朝の6時45分開始に変わったと記憶している。

写真向かって左が金子勝彦さん。右は岡野俊一郎さん。貴重な海外サッカー事情を伝えてくれる番組だった。

©JFA

74年ワールドカップの衝撃

この番組を通して、私は海外サッカーの魅力にとりつかれた。特に74年のワールドカップの衝撃は強烈だった。この大会で優勝したのは開催国の西ドイツだったが、大きな旋風を巻き起こしたのはクライフを押し立てたオランダだった。

西ドイツの皇帝フランツ・ベッケンバウアーとオランダの天才クライフが相まみえた決勝戦は、日本で初めて東京12チャンネルが生中継した。その後1975年9月まで1年以上かけて、西ドイツ大会の全試合を『ダイヤモンドサッカー』が放送していく。ブラジルのロベルト・リベリーノが、東ドイツ戦で決めた針の穴を通すかのごとき直接FKのゴール。西ドイツの左足の芸術家ヴォルフガング・オベラーツのプレーなど、印象に残る場面はいくらでも挙げられる。その中でもオランダのサッカーは破壊的で、その後の私のサッカー人生に大きな影響を及ぼすことになった。

オランダは「ボール狩り」と呼ばれた集団でのプレッシング、オフサイドトラップを武器に対戦相手を面白いように切り裂いた。改めて見返すと、ルート・クロルが奪いにいくとDFラインを極端に上げ、オフサイドトラップをかけているのがよく分かる。

攻撃もマンツーマンで守るのが主流の時代に、そのマークを剥がすグループ戦術を自家薬籠中のものにしていた。一例がスイッチプレーの多用である。右から左へ斜行しながらドリブルする選手がいると、それとクロスするように左から右へ近づいていく選手がいる。その2人が交差する瞬間にボールを受け渡したり、そのまま交差したりして、マークについている選手を混乱させる。そういう動きをいちいちノートにメモしながら観ていた。チャールスF.C.ヒューズという人の著書を岡野さんが訳した『サッカー　戦術とチームワーク』という本を愛読していた私は、相当にませた子どもだったのだろう。

オランダが織りなす先進的なサッカーに魅了されるのと同時に、キャプテンのクライフに魂を奪われた。ドリブル、パス、シュート、どれをとっても超一流な上にキャプテンシーまである。何をやっても絵になるのだ。

当時のオランダのユニフォームはアディダス製だったが、プーマと契約していたクライフだけは3本線ではなく2本線のオリジナルなユニフォームを着ていた。スポンサーやマーケティングといったスポーツビジネスの入口を知ったのもこの時だ。

オランダは決勝で西ドイツに敗れたものの、私のクライフとオランダへの愛は止まらなくなった。78年のワールドカップ・アルゼンチン大会でもオランダを応援した。それだけに、2大会連続で準優勝に終わった時の脱力感、むなしさと言ったら……。

クライフは欧州予選までチームをけん引しながら、本大会に出場しなかった。予測不能なクライフらしい。キャプテン抜きでもチームは決勝まで進んだのだから、彼が出場していたら優勝していたのではないだろうか。

クライフは色紙の裏面にサインをした

そんな恋焦がれたアイドルに、異常接近できる機会が訪れた。80年11月16日、静岡の清水市営陸上競技場で、クライフ擁するワシントン・ディプロマッツが日本代表Bと対戦したのである。静岡県のサッカーの興隆に心血を注がれた堀田哲爾先生が、尽力して実現したカードだったと思う。

私は清水東高の1年生。ワシントンには74年ワールドカップ準優勝のメンバーで、後にサンフレッチェ広島の監督になるビム・ヤンセンも在籍していた。前日練習を見学に行き、帰る間際のクライフにペンと色紙を渡したら、ちゃんとサインをしてくれた。サッカーの王様ペレにも中1の時にサインをもらったが、クライフのほうが断然嬉しかった。

クライフらしいと思ったのは、表面の白ではなく柄模様がついた裏に書いたことだ。常人とは違う感性なのだと思った。この色紙は今も静岡の実家にある。

現役引退後、コーチの勉強をするための研修先としてスペインのバルセロナを選んだ。ク

本人提供

クライフのサイン。40年以上経っているが今でも大切な宝物だ。

ライフが選手として、監督として、心血を注いだ場所だったからだ。

研修中に本人に会ったことがある。現在はいわきFCの社長を務める大倉智が、私とほぼ同時期にバルセロナのクライフ大学に留学していた。彼とバルセロナ郊外の家具量販店へ行くと、クライフがいたのだ。握手をしてもらうと、「娘婿と一緒に来て、店の中ではぐれてしまった。道に迷っているんだ」と困った顔をしていた。クライフに気づいた人々は、誰もが握手を求めてくる。それに丁寧に応じながら、家族からはぐれて不安そうなクライフ。その姿は普通のおじさんで、人間味あふれる素顔も魅力的に映ったのだった。

金子さんの「サッカーを愛するみなさん、ごきげんいかがでしょうか？」という冒頭の挨拶は、映画評論家の淀川長治さんが日曜洋画劇場で毎回発した「サヨナラ、サヨナラ、サヨナラ」という締めの言葉に匹敵するくらいの名文句だと思っている。博識の岡野さんの競技の枠を超えた高尚な解説も、誰も真似ができないものだった。

小学生から現在に至るまで、私は選手として、指導者として、マネジメントサイドの人間として、途切れることなくサッカーに関わり続けている。そんな人生を振り返りながら、どこで航路が変わったのかに思いをめぐらせると、ダイヤモンドサッカーが『ドラム・マジョレット』という軽快なテーマソングとともに脳裏に浮かんでくる。私の目を海の向こうのわくわくする世界に見開かせてくれた金子さんへ、感謝と哀悼の念を捧げたい。

特別対談「今一度、サッカーを語り合おう」

サッカー元日本代表 **中村憲剛×反町康治** 前・日本サッカー協会技術委員長

「これからJリーグで監督をやっていく人たちへ向けた講習なので、監督とはどういう仕事で、どんなことをやっているのか、ということを伝えたかった。」

S級ライセンス講習会での出来事

中村憲剛（以下、**中村**）ＪＦＡのホームページ上に連載された『サッカーを語ろう』は、記事がアップされるたびに読んでいました。すごく大事なことが書いてありましたから。

反町康治（以下、**反町**）憲剛たちが受講した23年度のＳ級コーチライセンスの講習会で、座学を２コマ担当させてもらった。その時に、「読んでいます」と言ってくれたたね。

中村　講習は技術委員長というよりJリーグの監督当時のお話がメインで、ものすごくリアルでした。

キャンプ初日のミーティングで何を話したか、とか。

反町　これからJリーグで監督をやっていく人たちへ向けた講習なので、監督とはどういう仕事で、どんなことをやっているのか、ということを伝えたかった。シーズン中の1週間の準備とかは他の講習でも聞いていたそうなので、少し違う角度から話をさせてもらって。たとえば、主審がどれぐらい警告と退場を出しているか、すべて調べていたことを紹介した。

中村　それはホントにびっくりしました。そこまでやっているのかって。さすがは反町さん、やっぱり緻密だなあ、と。熱量がすごいので、引き込まれました。セットプレーの映像を見せてもらいましたが、それだけで1コマ（1時間半）できるんじゃないか、というぐらいで。思い返せば、反町さんが指揮した湘南ベルマーレとか松本山雅FCとの対戦では、「何をやってくるのか分からないから」ということで、セットプレーの準備がいつもより長かった。それがあったから、色々

「講習は技術委員長というよりJリーグ監督当時のお話がメインで、ものすごくリアルでした。」

な結果を残したのだろうなと改めて感じました。

反町　得点の3割強はセットプレーからというデータもあり、Jリーグにおける自分たちのチームの立ち位置や対戦相手との力関係を考えると、攻守ともにセットプレーは重要な位置づけだった。日本代表にも2022年からセットプレーコーチのポストを設けた。22年のワールドカップ・カタール大会のクロアチア戦では、狙いどおりショートコーナーから得点を決めた。セットプレーコーチをスタッフ入りさせた成果だったと思う。

中村　このところ、日本代表はセットプレーからの得点が少ない印象でしたが、24年1～2月開催のアジアカップでCKから得点が生まれました。

反町　アンダーカテゴリーの代表は、それ以前から取るようになってきている。パリ五輪の最終予選を兼ねたU―23アジアカップでも、CKから得点している。本大会のパラグアイ戦でも、FKから藤尾翔太がヘディングシュートを決めた。自分が技術委員長になって新設したポストがチームの力になり、そうした結果に結びついたとしたら嬉しい。

中村　僕自身、ロールモデルコーチとして活動をさせていただきました。

反町　アンダーカテゴリーの選手たちにとって、日本代表で実績を積み上げた憲剛や内田篤人、阿部勇樹と接することは、間違いなく成長につながる。代表のスタッフにも刺激になる、と考えたんだ。

中村　篤人とも話していましたが、僕ら自身も貴重な経験をさせていただきました。

オシムさんとの思い出を語ろう

反町　憲剛とは06年から07年にかけて、イビチャ・オシムさんの日本代表で一緒に仕事をしたね。

中村　僕はアンダーカテゴリーの代表に呼ばれたことがなく、25歳で初代表、それもオシムさんに呼んでいただいたので、自分の中でものすごく自信になりました。それまでの自分のサッカー人生を肯定してもらった感覚がありました。オシムさんのもとでの初めての練習は、今でも覚えています。当時話題になっていたたくさんのビブスを使った練習です。必死に食らいついて、あっという間に終わった感じでした。

反町　一例をあげると、ピンク、赤、オレンジの暖色系対白、水色、青の寒色系で試合をする。それぞれ同じ色のビブスを着た選手にはパスを出せない。それをワンタッチでやる。青色を着ていたら、白か水色にしか出せない。でも、リターンでパスは受けられる。それがス

©JFA

「今では当たり前のことを、（オシムさんは）20年前からやっていたんだよね。」

ムーズにできるようになったら、リターンもなしになる。ワンタッチという制限が一番判断を速くすると、オシムさんに教えられた。今では当たり前のことを、20年前からやっていたんだよね。

中村　パスを受ける前に味方と相手の状況を見なきゃいけないので、やっているうちにどんどんプレーが速くなる。目も速くなるんです。初めて出場した国際大会が07年のアジアカップで、大会中の練習も強度が落ちないのはさすがオシムさん、と思いました。

反町　と言うか、落とさないんだよね。

中村　あの一か月は、試合だけでなく練習でも成長しているような感じでした。でも、オシムさんの練習は、反町さんたちコーチは大変だったのでは？

反町　大変だよ（苦笑）。その日に何をやるのかは、ホテルから練習場へ行くバスの中で教えてもらうんだ。

中村　練習前にスタッフミーティングとかはやらないんですか？

反町　そんなものは必要ないだろう、と。「準備をスムーズにしたいから練習内容を聞きたいんです」と食い下がると、「全部用意しても、ゴールがないかもしれないじゃないか」と言う。

「ワンタッチという制限が一番判断を速くすると、オシムさんに教えられた」

「大会中の練習も強度が落ちないのは、さすがオシムさん、と思いました」

中村 オシムさんなら、そんな感じで答えそうですね（笑）。

反町 試合前のミーティングでも、「練習したことをやれ」と。で、メンバーも言わない。

中村 スタジアムに到着したあとに、反町さんから「今日はスタメンだぞ」と言われたことがありました（苦笑）。

反町 選手はそれぞれに試合前のルーティーンがあるので、スタメンかベンチスタートなのか、早めに知りたい選手もいる。僕自身もそういうタイプだったから、早く伝えたかったのだけれど、オシムさんはギリギリでスタメンを変える可能性があった。シュトルム・グラーツやジェフでは、相手のメンバー表を見てから直前で変えるということをやっていたと。なので、前日にはスタメンが決まっていて、我々も知らされているんだけれど、オシムさんの最終確認が取れるまでは選手に伝えることができなかったんだ。

中村 僕自身は「いつでも出られるように、準備をしておけ」というオシムさんのメッセージなんだな、と受け止めていました。

反町　オシムさんはホントに熱い人でね。サッカーに注ぐ熱量がすごい。06年10月のインド戦で、前半に相手のCKから完全なフリーでヘディングシュートを打たれた。シュートが外れて救われたんだけど、ハーフタイムに「どうなってるんだ」ってものすごい剣幕で怒り出した。スタッフ専用の部屋でのやり取りなんだけど、選手のロッカールームの隣りだったから、聞こえたんじゃないかな。

中村　僕はスタメンで出ていましたけど、そう言えば、すごい声が聞こえたような。

反町　選手に対しては冷静だけどね。我々スタッフの仕事には厳しかった。日本サッカーの将来のために、選手と同時にスタッフも成長させたいという気持ちがあったんだと思う。

中村　オシムさんと言えば「ブラボー！」ですね。「ブラボー！」が連発されると、チームが躍動する。たぶん、こうなったらこうなるというのがオシムさんにはあって、僕ら選手がそれに沿えばいい形になる、というのが分かっていたんでしょうね。

反町　オフ・ザ・ボールの動きに対するものが多かったよね。ある選手がダイアゴナルに走ったことでスペースが空く。そういう選手に対して「ブラボー！」となる。

中村　自分はパスを受けられなくても、チームのために走る。そういうプレーですね。指導者によっては、そういうことをあえて言わないことってあると思うんです。でも、選手は言われると嬉しい。頑張って走るようになるんですよね。

反町　湘南の監督1年目は、まさにそうだった。「ブラボー！」とは言わなかったけど、「素晴らしい！」、「素晴らしい！」と褒めて、褒めて、それで選手がどんどんその気になってくれて、わき出るようなサッカーになっていった。選手たちは「やっていて楽しかった」と言ってくれて、自分も指導していて楽しかった。オシムさんのチームでアシスタントコーチをやったことで、自分のコーチングが大きく変わった。たとえば、練習をいったん止めて、「そこはこうしたほうがいい」と修正することがある。でも、良いところを褒めるために止めるようにもなった。「この動きをしたからこっちが空いたんだよ」と言って、もう一度ゆっくりやって確認するとかね。

中村　現役を引退して自分も指導する立場になって、オシムさんは決して強制をしなかったなと改めて感じています。「こうしたほうがいいんじゃないか」、「こうやったら面白いんじゃないか」という感じで、それをシンクロコーチングやフリーズコーチングで教えてくれるからイメージが広がっていくんです。もちろん、瞬間、瞬間で「こうしたほうがいい」という話はあるんですけれど、あくまでそれは選択肢のひとつ。オシムさんから「こうなったらこうしろ」と言われたことは、一度もなかったですね。「自分はこう思うんですけど」って、オシムさんに話にいったこともあります。めちゃくちゃビビりながらなんですけど（苦笑）、オシムさんはそうやって意見されるのが好きみたいで。

反町　ヨーロッパはディベートをする文化があるからね。日本人は条件反射のように「はい、分かりました」と答えるところがあるけれど、オシムさんはそれが嫌いで。「何が分かったんだ」って言われたものだよ。

中村　オシムさんに話して、一笑に付されるようなことがあれば、「そうだな」みたいなリアクションもあって。そこはすごく、影響されています。子どもたちには、選択肢を与えられるような、その選手の可能性を拡げられるような声掛けをするようにしています。

反町　憲剛にロールモデルコーチをお願いしたのは、まさにそういうことを伝えてほしかったから。20の選択肢を50にして世界大会へ行く、自分の学校とかクラブへ戻る、ということになれば、どこかのタイミングで閃くかもしれない。それでうまくプレーできたら、ものすごい成長につながる。

ワールドカップでベスト16の壁を超えるために

反町　まずはスケジュールを欧州に合わせる必要がある。そうすることによって、日本サッカーは大きな一歩を踏み出せる。これはＪＦＡとＪリーグで協議を重ねて、26年から開始と終了時期を変えて、シーズンを移行することになった。リーグ戦の方式についても、ワールドカップのラウンド16の戦いで、４回のうち２回はＰＫ戦で負けている。アンダーカテゴリーの世界大会の出場権を争うアジアの予選でも、ノックアウトステージではＰＫ戦がある。それならば、リーグ戦でＰＫを採用する、ということを検討していいかもしれない。

中村　僕自身、プロに入ってからはカップ戦でしかＰＫ戦を経験しなかったですね。ワールドカップ・カタール大会が終わったあと、アンダーカテゴリーの代表では大会や練習試合でＰＫ戦をやったりしていましたね。

反町　あれは技術委員長としてお願いをしたんだ。Ｊリーグに導入するのは難しいかもしれないけれど、一考には値すると思う。実際に過去のＪリーグでは、ＰＫ戦を実施していた時期もあったしね。

中村　ワールドカップ・カタール大会や24年のユーロ、それにコパ・アメリカなども観て思うのは、ビッグクラブでプレーする選手の数が代表チームの成績につながる、ということです。ＵＥＦＡチャンピオンズリーグとかＵＥＦＡヨーロッパリーグで上位に食い込むクラブで、それも中心選手としてやっていれば、大舞台に慣れていきますよね。そういう環境が日常になれば、ワールドカップのベスト8とかベスト4が「まだ見ぬ高み」ではなく、「いけるでしょ、やれるでしょ」という受け止めになると思うんです。ワールドカップで優勝するなら、チャンピオンズリーグで優勝するクラブで中心となる日本代表の選手が出てこなければ、と。必要条件のひとつとして、そう感じます。

反町　日本のリーグの特徴として、スペインリーグにおけるバルセロナとレアル・マドリードのようなクラブが存在しない。AFCチャンピオンズリーグに毎シーズン出場して、FIFAクラブワールドカップで上位に進出できるようなビッグクラブを作っていくことが必要だと思う。それは、Jリーグの野々村芳和チェアマンも分かっている。

中村　僕が参加しているJリーグのフットボール委員会でも、目ざすべき日本の姿として色々な話し合いをしています。

反町　神村学園の福田師王が、高校卒業からドイツ・ブンデスリーガのボルシアMGへ行った。1年目からU―19チームやセカンドチームで経験を積んで、終盤にはトップチームでデビューした。同様に高校選手権で活躍した選手がJリーグのクラブに入団したものの、ほとんど公式戦に絡めずに「空白の一年」を過ごしてしまう。高卒から3年間のポストユースでいかに真剣勝負の試合の経験を積ませるか。それは、選手一人ひとりのためでもあり、世代別代表の強化、引いては日本のサッカーの未来につながる大事なポイントであると感じる。

中村　ポストユースに課題があるという認識は共有されていて、新たなリーグを新設するという話も出ていますね。

反町　U―23のリーグにするか、U―21のリーグにするか。本当にやるとしたら、相応の資金を用意しないといけない。運営も2チーム分の労力が必要で、かつてU―23チームがJ3

に参入していたFC東京のスタッフは、「そのおかげで運営スタッフも成長した」と話していた。クラブが成長するには、フロントの成長も絶対に必要だ。

中村　U―23がJ3に参加していたチームの関係者からは、U―23にユースの選手が引き上げられ、ユースの選手が足りなくなるのでジュニアユースの選手が引き上げられる。飛び級で下からどんどん引き上げられることですべてのカテゴリーの選手の成長につながった、とも聞きます。

反町　飛び級は悪いことではないけれど、たとえばU―18プレミアリーグ参加チームのメンバーがベストメンバーでない状況は、全面的に歓迎されるものではない。

中村　何を目標とするのか、ですよね。結果なのか、育成なのか。

反町　そこは難しい。創設が検討されている新しいリーグは、基本的には手を挙げたクラブからスタートすることになるのでは。

中村　中学生年代の現場で感じることとして、「習い事」の色が強くなっている気がします。僕らが子どもの頃は、放課後の校庭や公園で自由にボールを蹴ることができた。今はそれが難しい、あるいはできない。大人がいないところではボールを蹴ることができないので、お金を払って教えてもらうことになる。指導者も、ボールも、ゴールも用意されているので、どうしても子どもたちが受け身になりがちです。子どもの安全を確保する、環境を整える、ということは大切ですが、子どもたちの自由度は低い。その結果として、言われたことはきちんとやるけれど、こっちが「ええっ！」と驚くようなことをする子どもは少ない。

反町　育成の現場でも勝つことは目的としてあって、勝つためなら教えたほうが早い、というのはある。ただ、指導者が理想と現実をしっかりと見極めて、教えるところと勝つところをコントロールしなきゃいけない。ワールドカップでベスト16の壁を超えるために、というテーマに戻れば、福田のようなパスウェイが増えることが答えになるかもしれない。

中村　U―19からU―21の世代がヨーロッパのクラブでどんどんプレーするようになれば。ポストユースの問題解決にもなります。

反町　技術委員長在任時に、17歳でJリーグにデビューして、10代で日本代表として国際Aマッチに出場するのを理想のパスウェイとした。今はもうJリーグに限らず、海外でデビューしてもいい。23年のU―17ワールドカップで主将を務めた小杉啓太は、24年3月に湘南ベルマーレU―18からスウェーデン1部のクラブへ移籍した。その小杉とU―17日本代表でチームメイトだった道脇豊は、24年7月にJ2のロアッソ熊本からベルギー2部のクラブへ期限付き移籍した。こういう選手を増やしていくことが、日本サッカーのこれからのチャレンジではないかと感じる。ベスト16とかベスト8のハードルを越えることにつながるのでは、とね。

反町康治

選手歴は、県立清水東高校→慶應大学→全日空→横浜フリューゲルス→ベルマーレ平塚（現・湘南ベルマーレ）。引退後は、アルビレックス新潟監督等の監督や日本代表アシスタントコーチ、北京五輪代表監督等を歴任し、日本サッカー協会技術委員長も務める。現、清水エスパルスGM／サッカー事業本部長。

中村憲剛

選手歴は、都立久留米高校（現・都立東久留米総合高等学校）→中央大学→川崎フロンターレ（フロンターレ一筋18年）。引退後は、クラブのリレーションズオーガナイザーも務めている。他、日本サッカー協会U―17ロールモデルコーチ（22～23年）、中央大学サッカー部テクニカルアドバイザー、TVの解説等で活躍中。2024年にS級ライセンスを習得。

中村　福田とか小杉、道脇といった選手たちが、3年後、4年後、どんなチームでプレーしているのか、どんな経験を積んでいるのか。それはすごく気になります。

反町　技術委員長として、目の前の勝利を追求しながら、5年後、10年後の日本サッカーを考えていった。それは決してJFAだけに求められるものではなくて、憲剛のようにS級ライセンスを持つ方々にも、街クラブで指導している方々にも、共通することだと思う。今日の自分が選手たちに伝えたひと言が、その選手の成長に影響を及ぼし、5年後、10年後の日本代表のパフォーマンスにつながる。そういう意識で目の前の選手に関わってくれれば、日本がサッカー大国と呼ばれる日が来るかもしれない。

中村　僕自身も日本サッカーに少しでも貢献できるように頑張っていきます。

反町　またゆっくり語り合いましょう。今日はありがとうございました。

（2024年7月17日収録）

あとがき

２０２４年3月、私は日本サッカー協会（ＪＦＡ）の技術委員長を任期満了で退任した。在任中の４年間を振り返ると、学ぶことが本当にたくさんあった。特にインターナショナルな仕事がしたいという子どもの頃からの夢がかない、世界の最前線で色々な仕事ができたのは大きな喜びだった。誰にでもできる経験ではなかったとつくづく感じる。

技術委員長になってすぐに新型コロナウイルスのパンデミックに襲われ、スタッフが誰もいないオフィスで一人きりで仕事を始めたときは、この先何が待ち受けているのだろうと漠とした不安に包まれたものだ。

多くの歳月と先人たちの努力が積み重ねられて、日本サッカーはワールドカップ出場の常連国になった。どんな立場になっても、引き続き日本サッカーの発展に尽くしていくことをこの場を借りて約束したい。

技術委員長退任からおよそ1か月後の5月1日付けで、私はＪリーグ・清水エスパルスのゼネラルマネージャー（ＧＭ）兼サッカー事業本部長に就任した。

それから数日後、勝澤要先生がご逝去された。清水東高校で指導を受けた勝澤先生は、日本のサッカーのレベルを一段階上げた指導者だったと思う。

北京五輪を目ざすチームの監督に就任した06年、勝澤先生から手紙を頂戴した。ご家族の許可を得て、その内容を原文のまま以下に記したい。

「拝啓

この度U―21日本代表監督に就任されたこと、その使命と責任の重さとその精神的重圧は想像以上と拝察していますが、慶応大学法学部合格のために命を削るような浪人生活を考えたら、その困難を乗り越えた精神力を有する卓越した人間力、洞察力、あくことなきサッカーへの情熱を思うとき、日本サッカー協会の決断は英断だと誇りに思っています。

慶応に合格するために壮絶なる自己との戦いに勝ち続けて、高校サッカー選手権に出場する宿舎を訪れて激励に来てくれたことを覚えています。初志を貫徹し慶応に合格した後は慶応を関東大学1部に昇格させ、文武両道の精神を大学サッカーにまで吹き込んだ反町選手の大学時代の何よりの功績だと思っています。

06年ワールドカップでの日本代表の惨敗を思うとき、北京五輪世代の選手育成と強化は日本サッカーの命運を担う重要な仕事、それを任されたことは男としてこれ以上の名誉はないと思っています。

監督として選手に求める重要な要素として、心技体をあげ、ハードワークする心の問題、プロとしての意識を最優先することを言明したことを嬉しく思います。

清水東高校時代の、「体力、精神力、限界に挑戦する姿勢」が技術偏重の考え方が横行している今、貴重な方針だと思っています。

ユーゴスラビアの民族紛争によりその崩壊の厳しく残酷な体験をした悲劇の名将であり、哲学者でもあるオシム監督の「考えて走る」サッカーを、二人三脚で実現させてください。

私は次の二つを提言します。

一：国際試合の前に行なわれる国歌斉唱は、必ず全員で腹いっぱいの大きな声で歌わせてください。国民の主権を戦うエネルギーに昇華する愛国心が欠如しています。

二：サッカー以外の要素で人間、選手を評価するのは危険な思想ですが、清廉な感性、端正な髪形、金髪やガムを噛みながらのプレーは教えてやってください。その背後に何千万という青少年が見ていることを。

以上、時代錯誤的な考え方と笑われることを覚悟して書きました。

北京五輪出場に向けて反町丸の前途洋々たる船出を祝福し、無事の航海と目標の達成を心から期待しています。

くれぐれも健康管理に万全を尽くして下さい」

勝澤先生がお亡くなりになったのとほぼ同じタイミングで、私は静岡県に、清水に、戻ってきた。小学3年でボールを蹴り始め、還暦を迎えてもサッカーに携わることができている自分の身を思い返すと、

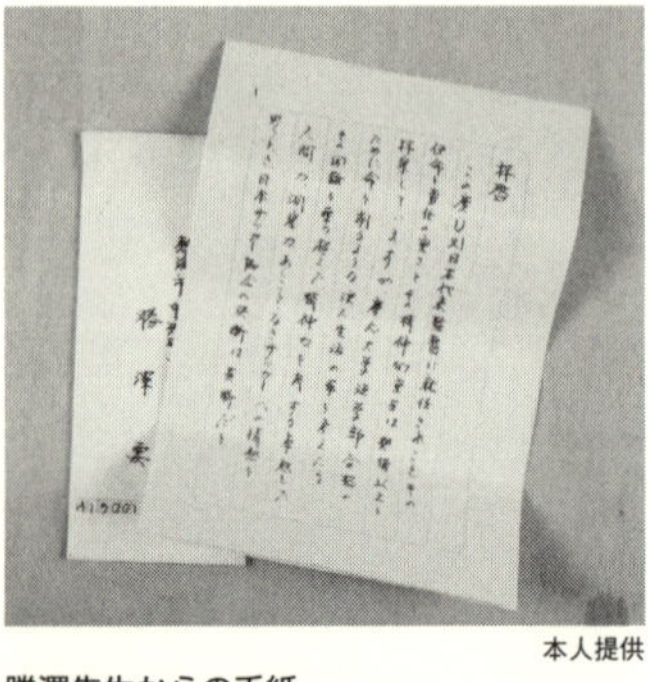

本人提供
勝澤先生からの手紙。

この地で過ごすことへの特別な思いが立ち上がる。

帰ってきたことへの感慨に浸ることなく、子どもたちが夢や希望を抱き、プロ選手となり、日本代表として国際舞台で活躍する選手を、数多く輩出したいのだ。

私が高校生だった当時は、あるいはその後数年は、高校選手権の静岡県代表は必ずと言っていいぐらいに国立競技場まで、つまりベスト4まで辿り着いていた。２０２４年現在は、Ｊクラブが60あり、全国的なレベルが上がっている。静岡県のアドバンテージがかつてほどではないとしても、サッカーどころ静岡が頭角を現すために汗を流すことが、自分の役割だと思っている。

勝澤先生も清水東高校だけでなく、静岡県全体のレベルアップに理解を示していた。清水エスパルスではトップチームだけでなく、アカデミーにも関わっている。育成年代のレベルアップは静岡県の底上げを促し、ひいては日本全体の底上げにもなる。

そう考えると、ＪＦＡの技術委員長でも、ＪクラブのＧＭでも、やるべきことに大きな違いはないのだろう。

心の真ん中にあるのは、ただひとつ。日本サッカーの絶え間ない発展である。

そのために、現職で力を尽くしていく。

２０２４年夏　反町康治

「サッカーを語ろう」
～日本サッカー協会技術委員長1457日の記録～

2024年10月5日　初版第1刷発行

著者　反町康治（前・日本サッカー協会技術委員長）

構成　戸塚啓
協力　公益財団法人日本サッカー協会、有限会社ケンプランニング
写真協力　公益財団法人日本サッカー協会
撮影（カバー、対談）　スタジオ・アウパ　今井恭司

装丁　伊波光司＋ベイブリッジ・スタジオ
本文デザイン　設樂　満
資材　朝尾直丸
制作　国分浩一
販売　阿部慶輔
宣伝　秋本　優
編集　松井秀明

発行　鳥光　裕

発行所　株式会社小学館
〒101－8001　東京都千代田区一ツ橋2－3－1
TEL　編集：03-3230-5428　販売：03-5281-3555
印刷所　萩原印刷株式会社
製本所　株式会社若林製本工場
データ制作　昭和ブライト株式会社

Printed in Japan
造本には十分に注意しておりますが、万一、落丁　乱丁などの不良品がありましたら、制作局コールセンター（フリーダイヤル　0120-336-340）にご連絡ください（電話受付は土・日・祝休日を除く9:30～17:30）。

ISBN978－4－09－389174－5